黃桑 編繪

古人你會
比更會
你玩

朕說歷史

時報出版

編 繪——黃 桑
主 編——王衣卉
責任企劃——王綾翊
書籍裝幀——evian

總 編 輯——梁芳春
董 事 長——趙政岷
出 版 者——時報文化出版企業股份有限公司
　　　　　108019 臺北市和平西路 3 段 240 號
　　　　　發 行 專 線——（02）2306-6842
　　　　　讀者服務專線——0800-231-705・（02）2304-7103
　　　　　讀者服務傳真——（02）2304-6858
　　　　　郵　　　　撥——19344724　時報文化出版公司
　　　　　信　　　　箱——10899 臺北華江橋郵局第 99 信箱
時 報 悅 讀 網——http://www.readingtimes.com.tw
電 子 郵 件 信 箱——yoho@readingtimes.com.tw

法律顧問—理律法律事務所 陳長文律師、李念祖律師
印　　　刷—和楹印刷有限公司
初版一刷—2021 年 6 月 18 日
初版十六刷—2024 年 7 月 8 日
定　　　價—新臺幣 420 元

古人比你更會玩2 / 黃桑編繪. -- 初版. -- 臺北市：
時報文化出版企業股份有限公司, 2021.06-
288面 ;17X23公分
ISBN 978-957-13-8568-6(第2冊：平裝)

1.社會生活 2.生活史 3.中國

630　　　　　　　　　　　　110000122

ISBN 978-957-13-8568-6
Printed in Taiwan

宮廷檔案 絕密

錦衣衛
（保鑣）

宮裡的
「顏值擔當」

身手不凡
冷酷面癱

原來是被派來
刺殺黃桑的殺手

卻被黃桑當場高
價收買成為保鑣

宮廷檔案
絕密

小太監

善良可愛
敏感細膩

照顧黃桑的
飲食起居

是宮裡深得人
心的小暖男

然鵝

一隻永遠都吃不飽的鵝
一直被黃桑欺負
卻幻想著有一天稱霸皇宮
女朋友是嫦鵝

蛋是

一隻特殊的柴犬
看家護衛皇宮必備

雞年沒趕得及上線的表情包
大概這輩子都沒有機會紅了
這本書裡可能沒有牠的身影

大利

· 6 ·

宮廷超級機密檔案

鵝是利

然鵝、蛋是和大利的組合

宮廷寵物

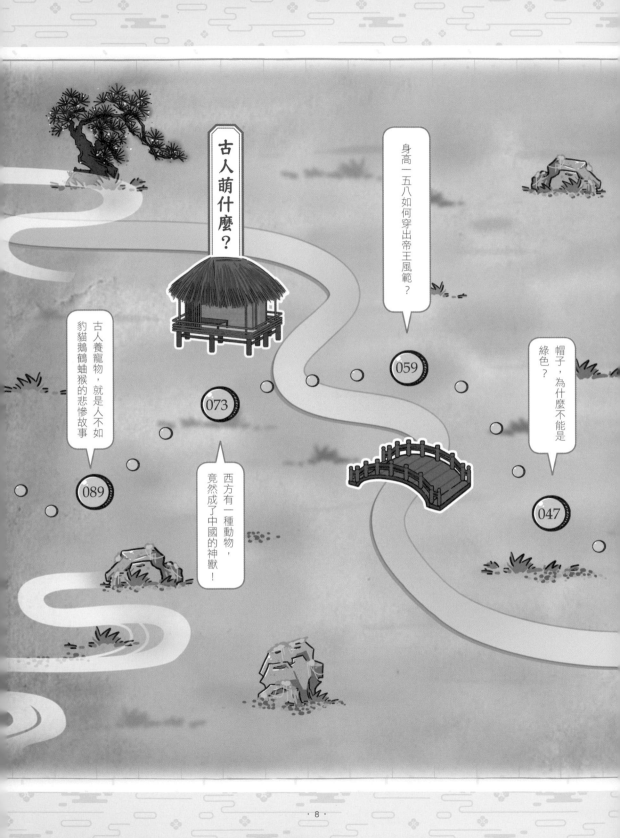

古人萌什麼？

身高一五八如何穿出帝王風範？

059

帽子，為什麼不能是綠色？

047

古人養寵物，就是人不如豹貓鵝鶴蛐猴的悲慘故事

089

073

西方有一種動物，竟然成了中國的神獸！

古人的科技

中國瓷器浮沉簡史

227

槍炮鼻祖、原始手榴彈、火槍……
為什麼宋朝還是老打敗仗？

257

211

殺菌技術不發達的古代，
催生了這種常見職業

199

他又黑又矮，
卻是唐朝最吃香的外籍工作者

243

兩千多年前的墨家機關術，
讓宋國躲過了戰爭

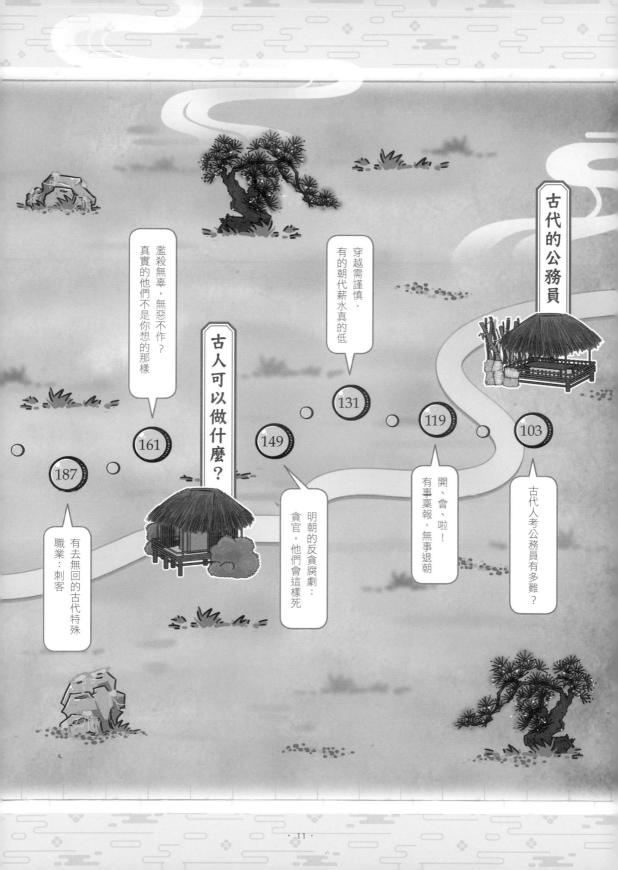

古代的公務員

古人可以做什麼？

濫殺無辜，無惡不作？
真實的他們不是你想的那樣

穿越需謹慎，
有的朝代薪水真的低

131

161

149

119

103

187

明朝的反貪腐劇：
貪官，他們會這樣死

開、會、啦！
有事稟報，無事退朝

古代人考公務員有多難？

有去無回的古代特殊
職業：刺客

盲猜隨堂考

① 是誰最先開始為菊花「卡位」的？

  Ⓐ 熱愛種菊花的陶淵明

  Ⓑ 被貶路上初遇菊花的屈原

  Ⓒ 我花開後百花殺的黃巢

  Ⓓ 此花開盡更無花的元稹

② 誰是和菊、蘭、竹一起被稱為「四君子」的花？

  Ⓐ 牡丹

  Ⓑ 桃花

  Ⓒ 芍藥

  Ⓓ 梅花

③ 屈原被菊花什麼樣的姿態所震撼？

  Ⓐ 亭亭玉立的仙氣之姿

  Ⓑ 色彩斑斕的多彩之姿

  Ⓒ 國色天香的妖嬈之姿

  Ⓓ 遺世獨立的高潔之姿

我們都會

答案見本單元「小知識」

古人流行什麼？

為什麼他們都那麼愛菊花？

菊花，一種自古便受歡迎的植物。
對於那些普通人來說，
菊花可能只是一種花，
但對於經常掛網的人來說嘛⋯⋯

喂，113嗎？這裡有一群人想歪了。

所以，形象高潔的菊花背後有什麼樣的歷史故事呢？

夕餐秋菊之落英

菊花最早在春秋時期就有文字記載了，

> 蘜，治薔也。
>
> ——《爾雅·釋草》

但要說到是誰最先開始「炒作」菊花的，
就不得不提起一個男人……

春秋戰國是一個充滿了戰亂和背叛的時代，
而有一個人卻因為忠貞
遭到了敵國迫害和祖國流放，
這個人就是屈原。

在被流放去南方的路上，
屈原不經意間看到路邊的野菊，
瞬間便被它的姿態震驚了！

屈原在《九歌》和《離騷》中都曾提到菊花。

春蘭兮秋菊，長無絕兮終古。
——《九歌·禮魂》

朝飲木蘭之墜露兮，夕餐秋菊之落英。
——《離騷》

菊花那獨自在蕭瑟的秋天綻放、
不與其他花爭妍春夏的高潔姿態深深吸引了屈原，
他彷彿在菊花身上看到了自己的影子——
遺世獨立，不染塵埃。

當我第一次遇見它的時候，我和它的距離只有0.1公釐，我知道，在那一刻就註定了我這輩子都忘不了它。

大叔，你哪位啊？

然而，屈原的命運最終也和菊花一樣，
經歷了深秋綻放後，
便要面臨寒冬凋零。

最後，
屈原在無盡的絕望中，投江自盡了。
但屈原賦予菊花高潔忠貞的形象，
隨著那首流傳千古的《離騷》，
被紀念他的人們一代代傳頌下去。

採菊東籬見南山

可惜的是，
在屈原的幫助下，菊花也沒有真正紅起來。
春秋戰國還不是一個合適的時代，菊花還需要等。

但這一等就是 600 多年，
改變它一生的第二個男人，出現了——
陶淵明。

> 嗨！大家好啊，我是陶淵明。今晚 8 點，
> 來貪玩南朝，和我一起養菊花吧！

陶淵明

魏晉南北朝並不算是一個好時代。
這個時期社會制度崩壞，官場無比黑暗。

對於陶淵明來說，
生活在這個社會中只有兩種選擇，
一是乖乖向現實低頭，
二是抱著自己的理想「溺死」在家中。

現實卻給了陶淵明加倍的痛擊……
他 8 歲亡父，12 歲亡母，
先後 5 次入仕無果。
等到 41 歲時，
陶淵明才終於看清了官場的無可救藥。
於是他決定徹底歸隱田園生活，
不再為五斗米折腰。

（你不要以為你做官就能全都說了算！）

（對不起，做官真的能全都說了算，不過我想他是不會
懂這個意境的。）

每有閒暇，陶淵明都會坐在家門前，
看著遠方的青山飲酒賞菊，
在和自然的交流中忘掉焦慮。
就是在這種情境下，
陶淵明寫下了《飲酒二十首》。

> 採菊東籬下，悠然見南山。
> ——《飲酒·其五》

 菊花
有些酸民竟然說沒網紅寫過我，
知道什麼叫陶淵明，什麼叫屈原嗎？

3分鐘前　刪除　　　　　　　　

	梅花	2分鐘前
	呵呵	
	牡丹	1分鐘前
	呵呵	
	桃花	1分鐘前
	呵呵	

這就是陶淵明眼中的菊花氣質，
它不被世俗煩惱所牽連，
孤身世外是那麼地悠然和隱逸。

注：酸民指經常性透過酸人獲取快感，喜歡唱反調、爭辯時故意持相反意見的人。

也正是從陶淵明開始，
古代人創作的詩歌中不只是單純的敘述，
開始出現一種新手法──
托物言志。
菊花、陶淵明和隱士關係也因此堅實地
緊密起來。

我花開後百花殺

400多年後出現的另一個人物——黃巢，
不同於陶淵明著墨於菊花的高潔，
在黃巢的詩裡，
菊花呈現的是幾分肅殺的氣息。

黃巢是一個早慧且有能力的人，
在別人還穿著尿布吃奶時，
他就已經顯示出了與眾不同的才華。

> 颯颯西風滿院栽，蕊寒香冷蝶難來。
> 他年我若為青帝，報與桃花一處開。
>
> ——《題菊花》

可惜天公不作美，
他出生在唐朝中最壞的時期——
晚唐。
本來以黃巢這種才華不要說考上狀元，
拿個進士都是簡簡單單的小事。

然 鵝

出乎意料的是，黃巢落榜了。
還不是一次兩次，而是屢試不第。

年紀輕輕的黃巢嚐遍了失敗的苦楚，
他開始把這一切歸咎於社會的不公。
他，想推翻這個錯誤的時代。

那個曾經的文弱書生，
雙眼卻射出了吃人般的目光。
黃巢一筆一畫地寫下了那首千古霸唱，
詩裡殺氣襲人，劍拔弩張。

> 待到秋來九月八，我花開後百花殺。
> 沖天香陣透長安，滿城盡帶黃金甲。
> ——《不第後賦菊》

後來黃巢的確也這樣做了。
20多年後！
他帶領軍隊殺入長安，
給了他曾引以為豪的盛世最致命的一擊。

如果說陶淵明筆下的菊花是悠然隱逸，
那麼黃巢的菊花就是憤怒狂傲。
一旦綻放，
百花也要在其陰影下戰慄而亡。

最終菊花就這樣紅了，紅得很徹底。
後來還和梅蘭竹組成了四君子，
長期霸占各大詩人的選題素材榜榜首。

然而，沒有人會想到，
古代人辛苦地花了幾千年塑造的
「堅貞高潔、悠閒隱逸」菊花形象，
甚至是狂傲的象徵意義，
在現代網路的影響下，
莫名其妙得到了一些低俗的、調侃性質的新涵義。

總有種不好的感覺。

這讓我們不禁深思，
網路讓詞語新生的同時，
是否也剝奪掉了原屬於它們的意義？

人生已經
太艱難，
有些事何
必要拆穿。

花中四君子

　　元代吳鎮在「歲寒三友（松、竹、梅）」之外加畫蘭花，並稱之為《四友圖》，這是花中四君子的雛形。後來，明代黃鳳池輯有《梅蘭竹菊四譜》，明朝畫家陳繼儒稱「四君」，後又改名為「四君子」。至此，中國傳統水墨繪畫中把梅、蘭、竹、菊約定俗成地合稱四君子。梅花在寒冬綻放、傲視冰雪，有著不畏冰霜的堅強品格；蘭花空谷幽放、孤芳自賞，視為世上賢達；菊花不畏風霜、無暇高潔，象徵人的德行圓滿、為政清廉；竹子修長挺拔、堅韌不屈，有竹節、內裡空心的生長特點，象徵著人的剛直有節和虛心豁達。四君子作為氣節崇高的象徵，常常成為創作詩畫時的主題，也代表著四季：春蘭、夏竹、秋菊、冬梅。

黃　巢

　　唐末農民起義領袖、詩人，今有傳詩兩首：《題菊花》和《不第後賦菊》。出身鹽商家庭，以販售私鹽為業。唐朝末年鹽稅極重，再加上朝廷暴政苛刻，平民百姓的生活越來越艱難，黃巢起兵造反，唐僖宗被迫逃離長安。黃巢雖一度入主長安，但隨即在各地勤王兵馬的圍剿下式微，加上手下得力將領朱溫的叛變，最終兵敗被殺。

　　黃巢起義危及唐朝半壁江山，切斷了江南大運河的經濟命脈，唐王朝的統治受到了沉重的打擊。黃巢雖敗，唐王朝也名存實亡，苟延殘喘了 20 餘年後被朱溫篡位，建立「後梁」。

隨堂考參考答案 ① B ② D ③ D

盲猜隨堂考

① 不想上班的陶淵明，離職後去做了什麼？

- Ⓐ 做農民順便種菊花
- Ⓑ 做大廚開飯店
- Ⓒ 做裁縫師開服裝店
- Ⓓ 幫人寫書信的文人

② 以下幾個時期相對之下，哪個「最辛酸」？

- Ⓐ 國與國之間互毆不斷的春秋戰國
- Ⓑ 遍地文藝青年的唐代
- Ⓒ 國家分裂、五胡亂華的西晉
- Ⓓ 房價特別高的宋代

③ 蘇軾在被貶的路上，任職過哪個職位？

- Ⓐ 某縣的驛站站長
- Ⓑ 民間自衛隊隊長
- Ⓒ 某州的監察長官
- Ⓓ 省軍區的指揮史

棄權

呃……

再想想

答案見本單元「小知識」

品味人生中的「小確爛」，
化「爛」為力量

「紅衣小哥好帥啊！」
「黃桑雖然軟爛軟爛的，但也很帥！」
「生活中的小確爛。」
「新的一天，新的難過。」
「今天也要有『我就爛』的精神喔。」

最近，我的宮裡，
總是有這樣的聲音在迴響。
莫非這就是傳說中的……
厭世文化？

厭世文化：
以自嘲、頹廢、麻木的生活方式為
特徵，其背後隱藏的負面情緒，是
對積極奮進的生活態度的抵抗。

為了幫助大家
找回失去已久的幸福感，
我決定開一家「致鬱系」快閃店！
名字都想好了，就叫──
愛喝不喝奶茶店。

開業買一不送一，每天一杯小確爛。

即使喝完一整杯，日子也不會好起來。

本店只提供三款經典飲料，
靈感均源於古代的厭世人物，
沒有最消極，只有更消極！
讓你失望之餘還能感到滿心絕望！

同時我們還有三種口味供選擇，
並且只提供——

超大悲杯

咕嚕咕嚕……

店長推薦一
菊花茶

厭世指數★★★☆☆

精選的陶淵明「厭世」菊花，
具有清肝明目促睡眠、
安心在家當肥宅的功效。
適用族群：努力工作、積極向上的上班族。

> 少無適俗韻，性本愛丘山。
> ——《歸園田居・其一》

陶淵明被稱為——
古今隱逸詩人之宗，
是歷史上第一位田園詩人。

努力不一定會成功，但不努力真的很輕鬆。

他早年出任各地公務員，
很有政治抱負，
導致他相當糾結，
經常在官場上進進出出。

一形似有制，素襟不可易。園田日夢想，安得久離析。
——《乙巳歲三月為建成參軍使都經錢溪》

意思就是説，
「上班不就是為了實現夢想嗎？
但我的夢想就是不上班啊！」

去他的工作！不做了！

開玩笑的……

賺錢要緊，賺錢要緊。

最終，
陶淵明還是厭倦了公務員的工作，
嚮往著「採菊東籬下，悠然見南山」的生活。
從此成為不理世事的「肥宅」。

> 歸去來兮，田園將蕪胡不歸？
> ——《歸去來兮辭》

再不宅就老啦！

「活一天是一天菊花茶」，
讓你毫無愧疚做肥宅。

「去他的工作，老子要宅。」

店長推薦二
東坡苦中作星冰樂

厭世指數★★★★☆

精選蘇東坡親手種植的無汙染荔枝，
具有苦中作樂、越作越苦，讓你運氣背到懷疑人生的功效。
適用族群：一帆風順、未經歷過挫折的年輕人。

蘇軾，號東坡居士，北宋大文豪。
年僅 21 歲的他進京趕考，
就得到歐陽修等「網紅」的按讚轉發，
從此走上人生巔峰。

此人可謂善讀書，善用書，
他日文章必獨步天下。
——歐陽修

批閱處

但在此時，
蘇軾已經花光了所有運氣。
父母相繼去世，讓他守喪近 5 年，
回來時，朝野中已風雨凋零。
此後，
新黨的打擊報復，
讓蘇軾開始了坎坷的仕途。

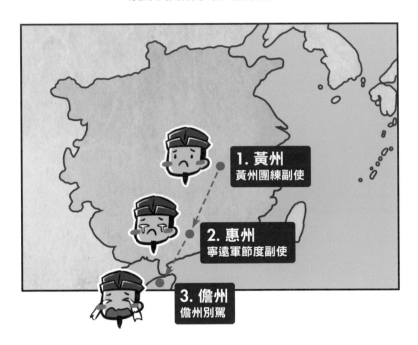

1. 黃州
黃州團練副使

2. 惠州
寧遠軍節度副使

3. 儋州
儋州別駕

> 心似已灰之木，身如不繫之舟。
> ——《自題金山畫像》

當時的南方地區人跡罕至，
儋州更是荒無人煙。
蘇軾表面上放浪形骸、杯酒人生，
實際上生活得相當艱苦。

> 小屋如漁舟，濛濛水雲裡。
> 空庖煮寒菜，破灶燒濕葦。
> ——《黃州寒食詩帖》

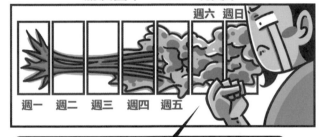

你以為這已經很厭世了嗎？
不！
即使被貶了，
朝廷中仍有人想殺了他。

子瞻謫嶺南，時宰欲殺之。
——《跋子瞻和陶詩》

儘管生活如此厭世，
身為高級吃貨的蘇軾，
時常透過食物療癒自己，
再迎接一次又一次的打擊與失落。

「東坡苦中作星冰樂」，
讓你回憶起曾經最衰的日子。
「用筷子扼住命運的咽喉！」

店長推薦三
滿杯失落頹廢龍井

厭世指數★★★★★

魏晉名士劉伶白釀酒，
具有讓你不顧世人眼光、
持續性放飛自我的療效。
適用族群：逃離高中奔向象牙塔的大學生。

要說喪氣最嚴重的朝代，
西晉稱得上是重災區。
雖然完成了名義上的統一，
事實上卻是四分五裂，五胡亂華。

逃避現實的文人騷客滿大街都是，
大家聚在一起沒事幹，
又迫於政治輿論的壓力，
無法施展抱負，
於是便催生了厭世一代。

批閱處

懂這麼多又怎樣，最後還不是要搬磚！

例如，酗酒的酗酒，

> 劉伶嗜酒，常乘鹿車，攜一壺酒，使人荷鍤隨之，曰：死便埋我。
>
> ——《資治通鑒》

放棄使我開心，頹廢讓我快樂。

沉迷玩樂的沉迷玩樂，

當時整個社會都充斥著滿滿的厭世氣氛……
「滿杯失落頹廢龍井」，
讓你告別失望，從此絕望。

人生起起伏伏、不如意的時候常有，
但生活仍然繼續前進，新的一天也照常到來。
認清生活的「厭世」真面目之後，
便更會懂得當下那些美好的可貴之處。
化「厭世」為力量，化悲憤為力量，
首先，從喝下這杯厭世飲料並消化它開始，
相信明天會更好！

批閱處

《黃州寒食詩帖》

　　蘇軾因烏台詩案被貶黃州的第三年，即西元 1082 年時創作的一首五言詩，被稱為「蘇書第一」，20 世紀末被評為「天下第三行書」，現藏於台北故宮博物院。寒食是指「寒食節」，古人祭祖掃墓一般是在寒食節，而非清明節。過節時，蘇軾看著自己空蕩蕩的房子、破舊的灶台，再加上已 3 年沒為父母上墳，只好將心中的無奈和悲涼傾瀉於筆尖。

　　整篇詩帖的字形有節奏地變化著，詩中第一句的「字」跟最後的「窮」，差異極大。字距由鬆散到緊密、字形由小到大、筆墨由淺到深，藉筆意表達了極大的情緒起伏，同時極具美感。值得一提的是，詩帖上還有好友黃庭堅的題跋，稱讚蘇軾在文學上的造詣。同時集合了北宋最有名的兩位書法家的作品，《黃州寒食詩帖》在書法史上的重要地位可見一斑。

陶淵明

　　字元亮，自號五柳先生，東晉末至南朝宋初期的偉大詩人。出生名門世家，少年時期的陶淵明雖有闖出一番大事的雄心壯志，但奈何當時社會黑暗、官場腐敗，且天性愛自由的他更嚮往田園生活。他在中青年時期反復入仕五次，最終都以離職還鄉為結局。即使歸隱後的生活清苦困窘，但他甘之如飴，《歸園田居》、《桃花源記》等流傳萬世的作品都是這時創作的。

　　不管外面的世界如何飛速轉動，他仍選擇悠然慢活，從容走完自己的一生。當時的詩歌崇尚奢靡華麗，而陶淵明則異於時俗，多以樸素的田園生活為題材，詩風樸實自然，被稱為「田園詩人」，對唐宋以後的詩歌創作有極大影響。

盲猜隨堂考

① 哪一選項和墨、劓、剕、殺一起被稱為「上古五刑」？

- Ⓐ 宮
- Ⓑ 烹
- Ⓒ 毒
- Ⓓ 割

② 墨刑是會在犯人身體上的哪個部位刻字呢？

- Ⓐ 疼痛感最強的「胸」
- Ⓑ 細皮嫩肉的「臀」
- Ⓒ 羞恥感最大的「臉」
- Ⓓ 搔癢感最強的「腳」

③ 商周時期紋身是用作？

- Ⓐ 刑罰方式
- Ⓑ 美化自己
- Ⓒ 避邪躲禍
- Ⓓ 震攝敵人

都不會……

答案見本單元「小知識」

沒看佩佩豬的年代，
古代江湖人紋什麼奇葩紋身？

「佩佩豬身上紋，
掌聲送給江湖人。」

你今天紋佩佩豬了嗎？
沒紋你就落伍了啦！

自從引進了英國動畫──
《佩佩豬》，
一夜之間，
這隻「吹風機」造型的豬
迅速走紅，制霸網路。

某美食節上的糖畫師傅，
在被要求做上百隻佩佩豬後，
也發出了生無可戀的感嘆：

我畫了一下午的佩佩豬了，我恨死
這個長得像吹風機的傢伙，回去我
要買 2 斤豬肉好好燉一下。

佩佩豬如此火紅，
誰不眼紅她的人氣？

這讓人不禁想，
沒有佩佩豬的年代，
古代江湖人都紋什麼奇葩紋身？

小心點，別讓黃桑看見。

紋身起源於圖騰崇拜。
早在原始人時期，
人們就會用白泥或燃料在身上、臉上畫出紋路。
這就是最早的紋身。

今天也是精緻的豬豬男孩。

圖騰崇拜通常與特定民族或
具體生活的地理環境有關，
各地所崇拜的圖騰也是各式各樣。

因為原始社會時期不僅野獸橫行，
還會有其他部落的人來攻擊，
所以紋身的作用，
美化自己是其次，
最重要是為了嚇跑敵人。

江湖人，惹不起，惹不起！

敵人

後來人們把圖騰圖案紋在臉上，
一方面是祈求神明保佑，
另一方面是想避災。

在商周時期，
紋身可不是用來耍帥的，
而是一種刑罰──
墨刑，即上古五刑之一。

上古五刑

墨、劓、宮、刖、殺

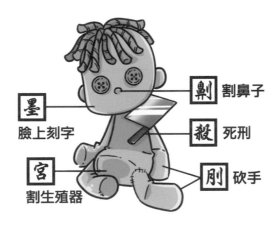

墨 臉上刻字

劓 割鼻子

殺 死刑

宮 割生殖器

刖 砍手

墨刑就是在犯人臉上刻字，
然後再塗上墨，
讓字跡永遠擦洗不掉。

這種刑罰在上古五刑裡面
雖然看起來最不疼，
但它讓人留下了一輩子都抹不掉的罪犯標誌。

批閱處

在當時講究名聲至高的時代，
受罰不可怕，誰紋誰尷尬。

丟臉程度不亞於在流行佩佩豬的年代你卻紋了喜羊羊。

到了秦漢時期，
紋身還是和以前一樣，
代表懲罰。
誰犯了罪，
官府就在他臉上刺字然後發配邊疆。

這種刑罰叫「城旦」。
白天要到城門外站崗戍邊，
晚上要去工地修長城，
一般為期 4 年。

> 晝日伺寇虜，夜暮築長城。
> ——《史記集解》

自然而然地，人們凡是看到臉上刻字（即紋身）的人，
就會感到很怕怕啦。

黃桑，被動紋身的人都不算江湖人，主
動紋身的江湖人什麼時候才出現呀？

你猜！當然是⋯⋯

那個顛覆常規的時代——
唐朝。

唐人愛詩，也愛紋身，二者融合，
就出現了把詩紋在身上的「行走的表情包」。

有人紋了王維整本《輞川集》，
也有死忠粉絲因仰慕文偶像白居易，
居然在脖子以下三十餘處紋上了白居易的詩，
還專門配了圖。

閣下何不乘風起，扶搖直上九萬里。

甚至有些紈絝子弟和市井無賴，
還會把自己交往過的女子
姓名、年齡、相貌、地址等，
全部刺在身上。
這種在身上紋身經歷的行為，
稱之為「針史」。

請問你對這樣的紋身有什麼看法？

紋身是不可能的，這輩子都不可能紋身。

在宋元時期，
人們有錢又愛玩，
再加上紋身在唐代的變化鋪陳，
紋身簡直成為了江湖古惑仔的標配。

例如說《水滸傳》裡的紋身大佬——
花和尚魯智深、九紋龍史進和浪子燕青。

史進

魯智深

燕青

燕青更是憑藉一身紋身，
把名妓李師師迷得神魂顛倒。

李師師

江湖有型哥有樣，
一看就是我對象。

批閱處

元朝就更不用說了，
龍鳳花草、牛鬼蛇神、初戀情人……
什麼都往身上紋。
誰身上畫得好，畫得細，
誰就更夠力。

但在普通老百姓眼裡，
紋身始終是不正經人的玩意……

到了明朝，
在嚴格家長朱元璋的統治下，
不僅禁海、禁賭、禁奇裝異服，
甚至連踢足球都要打斷腿，
更別說紋身了。

> 寸板不許下海。
>
> ——《史記集解》

> 二十三年，令庶民衣制，袖長過手，復回不及肘三寸；庶人衣長去地五寸，袖長過手六寸，袖椿廣一尺，袖口五寸。二十五年，以民間違禁，靴巧裁花樣，嵌以金線藍條，詔禮部嚴禁庶人不許穿靴……
>
> ——《明史·輿服志》

> 學唱的割舌頭，下棋打雙陸的斷手，蹴圓的卸腳，犯者必如法施行。
>
> ——《萬曆野獲編》

即使想紋，也只能偷偷地紋在腋下或者大腿根處，也叫「隱雕」。

而紋身不好的觀念，
也一直延續到了現代。

經常聽到有人說，
男生紋個大花臂就一定是 8 ＋ 9，
女生的話就一定很騷。

之前通訊軟體上，
有個年輕人花好幾萬塊做全臉紋身，
底下評論全是質疑。

紋身就等於壞人？
光溜白淨就一定是好人嗎？

才怪呢！

民族英雄岳飛爺爺，
「精忠報國」四個字身上紋。
真正殺人放火、偷拐搶騙的壞人，
也未必有紋身。

朕始終覺得，紋身是個人行為，
不能作為判斷人品好壞的標準。

最後我還是要提醒一句，
如果你決定紋身，
一定要想好再紋。
畢竟……

N年後

呵，這年頭還有人紋佩
佩豬，真的好傻啊！

批閱處

城旦

　　是秦漢時期的一種在臉上刺字加勞役的刑罰，犯人白天要守城戍邊防敵寇，夜裡修築城牆。秦代城旦是 4 年的刑期，漢代前期最高為無期徒刑，是僅次於死刑的刑罰。漢文帝改革刑罰後最高刑期為 5 年。發展到東漢以後，城旦除了戍邊築城以外，還會包含一些田間勞動、手工業勞動等勞役內容。

　　秦漢以前，刑罰以墨刑、劓刑、刖刑、宮刑、殺刑 5 種為主，都是肉刑；到秦漢時期，則以城旦、隸臣妾、司寇、候等為主，都是徒刑。城旦處於古時刑罰的過渡時期，表現出國家刑罰體制從肉刑為主到徒刑為主的演變。

《輞川集》

　　《輞川集》作於開元末年，是唐代詩人王維和裴迪的詩集。輞川是秦嶺北麓的一條川道，秀峰林立、綠水潺潺，氣候溫潤涼爽，風景清幽秀美，王維曾隱居在這裡過著悠閒的山居生活。因為十分喜愛輞川風景，便與友人裴迪賦詩唱和，為輞川二十景各寫了一首詩，集結成了《輞川集》，是最能代表王維山水詩特質的作品之一。

隨堂考參考答案 ① A ② C ③ A

盲猜隨堂考

1. 「五正色」是指白色、青色、黑色、赤色和什麼色？

   A 黃色

   B 紫色

   C 碧色

   D 靛色

2. 「青出於藍而勝於藍」的「青」偏向哪個色系？

   A 黃色系

   B 綠色系

   C 藍色系

   D 紫色系

3. 由「五正色」混和而成的「間色」代表著？

   A 高貴之色

   B 帝王之色

   C 卑賤之色

   D 喜慶之色

都不會……

答案見本單元「小知識」

帽子，為什麼不能是綠色的？

「愛卿」們有沒有發現？
曾經出現在大街上的各種共享單車，
有小黃、小綠、小藍。
這些顏色到底是怎麼設定的？
除了老闆特殊的個人喜好外，我還發現了一個玄學！

你的玄學我知道，我們不推銷不辦卡不賣保險不扎針，只是來介紹古代中國的彩色觀。

在古代，色號可不能隨便用。
古人在「五行」的基礎上形成了「五色」觀。
也就是，
金、木、水、火、土五德。

分別對應著——

白　青　黑　赤　黃

而這五種顏色就被稱為「五正色」。

根據荀子所説的：「青出於藍而勝於藍」，
大概可知青色應該是偏向於藍色系，
而不是綠色系，
雖然「藍」指的是一種草。

於是「陪你用正色」偶像組合就此誕生！
這個組合，
讓此後各代王者「色心大起」，
成為「好色之徒」，不斷為他們應援！

> 正謂黃赤青白黑，五方正色也。
> ——《禮記》

「陪你幹正色」之所以這麼受歡迎，
一方面是由於古代染色技術有限，
另一方面，則是為了維護禮制。

五正色是尊貴之色，
而由五正色混和而成的顏色——
間色，就是卑賤之色。
「尊尊卑卑，不得相逾」，
孔子就曾為了維護周禮
極力貶抑紫色（紫色是間色）。

子曰：「惡紫之奪朱也……」
——《論語·陽貨》

氣哭了，紫色這樣的十八線小顏色，還想蹭我們赤色小公主的熱度！我們赤色，是周朝帝王用的顏色！是王者的象徵！

孔子

小赤

無所畏

紫色一生黑！

由於五正色跟五行相掛鉤，
各位統治者就開始搞顏色！

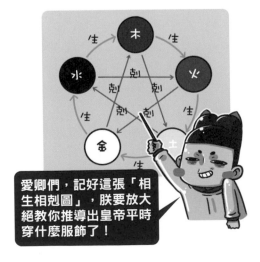

愛卿們，記好這張「相生相剋圖」，朕要放大絕教你推導出皇帝平時穿什麼服飾了！

前任的色號我不要

漢朝以前，
朝代流行色遵循的是相剋理論。

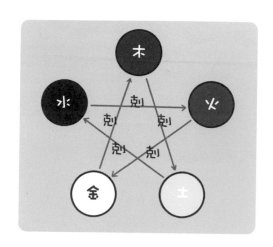

也就是——

> 商朝屬金德，我們流行白色！這麼清新淡雅的顏色，世界上有誰能駕馭？蛋白質後援會動起來！

之後，由於春秋戰國時期國家太多，
秦始皇直接忽略。

始皇推終始五德之傳，以為周得火德，
秦代周德，從所不勝。
——《史記·秦始皇本紀》

「腦粉」護主

有偶像的地方就免不了腦粉護主，
各朝代對顏色的爭論也如此。

漢初劉邦認為秦朝太過頭所以短命，
漢朝應該繼承周朝火德，
漢武帝劉徹又改尊黃帝，改為土德。
到光武帝劉秀復漢時正式用相生理論，
此後又折騰了好幾次，
無論相生還是相剋都有帝王接受。

批閱處

誰能過來跟我一起？我一個人沒法擺星星。

基本上，如果知道朝代屬於哪一德，
就可以推斷這個朝代流行什麼顏色了。
例如，宋朝為火德，皇帝喜歡穿紅色。

穿上這件紅衫，我就是整條街最靚的仔。

宋徽宗

注：因為白色容易獲得，相對而言，是底層人民所穿著的色彩。「談笑有鴻儒，往來無白丁」
很少有皇帝會「支持」這個顏色，除了比較喜歡白色的元朝。

在某益智節目上，
某男星所飾演的宋徽宗穿著黃龍袍曾引發爭議。
其實，宋朝皇帝不是不可以穿黃色，
只是相對於黃色，宋朝皇帝還是更常穿紅色。

在「腦粉」護主的過程中，
青色這個「偶像」是比較安靜的。
這是因為青色也是比較容易獲得，
相對而言，也可以說比較低賤。

在元朝《元典章》的規定中，
娼妓之家長和親屬男子必須裹青頭巾。
後來青頭巾語義擴大，意指被妻子出軌的男人，
青頭巾也漸漸演變為「綠帽子」。

黃色 C 位的確定

C 位，即 center，指正中間位置的，
一般是最受歡迎的偶像成員站在中間。
黃色，就做到了。

唯我獨尊，其他顏色只能「色色發抖」。

如前所説，
在傳統的五行相生相剋體系中，
黃色是五種正色中的一個。

隋唐時期，
黃色的地位已經開始上升，
唐高宗時曾有一次「禁黃令」。
但宋太祖趙匡胤陳橋兵變，
著名的「黃袍加身」讓黃色的地位又上升。

雖然如此，但宋朝皇帝還是支持紅色。
到明朝朱元璋建國後，開始全面禁黃色，
黃色成為帝王專用色。

士庶服雜色盤領衣，不得用黃。
　　　　　　　　——朱元璋

我是帝王之色，命硬！

相生相剋

「五色」觀只是作為朝代流行色的一種解釋，
在具體場合、用品等方面，
古人都會根據實際需要而做出更改，
用色也不會只有一種。

注：本文中擺星星的姿勢參考德田有希的作品。

在古代，
色彩與個人的身分地位息息相關，
不過好在到了現代，
古代那些高貴的顏色不再是某個群體的專屬，
普通人已經有了對衣著顏色的自由選擇權。

紅橙黃綠青藍紫，
你想穿什麼顏色的衣服都可以。
怎麼搭配好看，就可以怎麼穿！

五德終始說

戰國時期的陰陽家鄒衍提出的有關歷史和社會發展規律的理念。「五德」是指五行中木、火、土、金、水所代表的五種德性。「終始」指相生相剋，周而復始的循環。「五德終始說」被用來解釋歷史變遷，王朝更替，神祕而系統地解釋了統治者秉承天意的合理性，得到秦始皇推崇，並被西漢董仲舒繼承。

唐高宗的禁黃令

在尊卑有序、等級森嚴的古代，用服飾的樣式、配件、紋樣、顏色等來區分社會階層身分的貴賤高低，是常見的手段。經過歷朝歷代的發展，最終形成了繁複的服飾制式系統。顏色成為最重要的區分方法之一：自上而下大致是紫、緋、綠、青、黃。

而「禁黃令」則是服制系統的一個重要表現。唐高宗時期，曾有官員夜裡穿著黃袍，被當作普通人毆打。唐高宗便下令「自此朝參行列，一切不許著黃」──禁止官員朝參時穿黃色，使官員和庶民上下有別（黃色和白色是普通庶民用的低級色）。但值得注意的是，帝王常服的黃色，其實和庶民所穿的普通黃色系不同，也不是現在一般概念中的明黃色，而是色澤略深，黃中偏赤的赭黃和赤黃。後來作為皇帝常服的赭黃袍。用久了之後，漸漸成為了皇帝的專屬顏色，元代《元典章》中記載「庶人不得服赭黃」。

批閱處

盲猜隨堂考

① 冕服起源於？

    Ⓐ 殷商時期

    Ⓑ 宗周時期

    Ⓒ 秦漢時期

    Ⓓ 戰國時期

② 通常在什麼時候才會穿著冕服？

    Ⓐ 兒女婚嫁

    Ⓑ 重大祭祀

    Ⓒ 喪葬白事

    Ⓓ 微服出巡

③ 「華蟲」是指什麼動物？

    Ⓐ 野雞

    Ⓑ 鳳凰

    Ⓒ 老虎

    Ⓓ 大蛇

答案見本單元「小知識」

身高一五八如何穿出帝王風範？

説起服裝訂製，
你是不是想到了各種非主流圖案的某寶爆款？
今天我就帶大家認識一下古代的高級訂製服飾。

冕服

> 復，諸侯以襃衣；冕服，爵弁服。
> ——《禮記·雜記上》

冕服，起源於殷商時期，
經過各朝代的調整和發展，
成為漢服的一大種類。

冕服是古代大夫級別以上的官員，
在重大祭祀場合所穿的高級服飾，
等級越高服飾越複雜。

冕服分成六個等級，
例如，天子級別才能穿大裘冕，
大夫級別穿玄冕，
並且不同級別的衣服上，有著不同數量的紋章。

皇帝是官方指定的唯一高級會員，
可以訂製日、月、星辰等十二種圖案；
而最低級別的卿、大夫，
只能選擇一種標配的圖案「黻」。

每個紋章代表的事物都各不相同，
例如，「華蟲」即是「雉」，
也就是現在說的野雞。

華蟲，取其文理（五彩）。
——《周禮》

野雞！

你才是野雞，我是華蟲。

又例如代表宗廟彝器的「宗彝」，
繪製虎猿等圖案，
代表忠孝和勇猛。

我是跳跳虎啊！

我猴賽雷啊！

這件高級訂製的冕服，
穿起來也是相當複雜。

這裡以明朝的永樂冕服為例。
首先，要穿上貼身的襯袍、
朱襪和赤舄。

接著，穿上中單，
也就是素紗。

接下來是圍上紅裳。

裳，
指的是古人下身的衣裙，
紅裳上也有紋章，
然後是玄衣和革帶。

玄衣上遍布紋章，
例如，肩上代表日月的圖案，
革帶則是虛束在腰間作裝飾用，
掛著蔽膝和兩邊的佩、綬。

最後當然是戴上珠簾帽——冕冠。

注意，
只有皇帝才能用十二旒的冠，
並且每旒上有 12 顆五色珠，
現在知道為什麼古代皇帝要被人伺候更衣了吧！

冕服象徵著等級森嚴的封建皇權制度，
代表著古時候至高禮制的衣著體系，
連在日本、朝鮮等也被用作國君的高級禮服。

少年，你要不要也來一套呢？

古代霸氣皇帝穿上高級訂製冕服，
霸道帝王氣場全開！
可是如果智障卑怯的皇帝，
來換一身平民百姓的衣裳，
說不定氣場還趕不上村口愣頭愣腦的傻子，
或是在公園裡溜達的上空阿杯。

雖然俗話說「人靠衣裝馬靠鞍」，
不過對於現代年輕人來說，
其實不一定需要多麼名貴的大牌衣服，
穿一身乾淨、整潔、合身的衣服走在街上，
走出自信，走出氣場，
你也可以是這條街最亮眼的焦點！

小劇場

黃桑看這邊！
紅衣小哥哥，我們愛你！

朕說粉絲會

粉絲們都想知道為什麼途中總有裸奔的小人。（記者）

沒有啊⋯⋯

他們穿得都是肉色連體衣而已。

朕說後勤部

文案師傅

插畫師傅

開～

大夫

　　大夫這個稱謂，在古代統指一種較高的官階，不是特指某一個職位。春秋時期的「大夫」有上中下之分，是君主的顧問，沒有固定人數也沒有固定職務，依詔命行事；秦漢時期，有諫議大夫，專掌議論，有數十人之多；唐代，有御史大夫，負責監察百官、代表皇帝接受奏事、管理國家典籍等工作。與指醫生這個職業的「大夫」，是兩回事。

冕冠

　　冕冠是和古代官場禮服——冕服一起搭配的冠式，可以理解為現代禮服時需要搭配的禮帽。冕冠主要由延、旒、帽卷、玉笄、武、纓、繢、紞等部分組成。周朝的禮樂制度規定，戴冕冠的時候必須要穿冕服，這一套基本樣式也一直為後代所沿用，直到清朝時期剃髮易服才被廢除。

　　冕冠主要有六種樣式，大裘冕、袞冕、鷩冕、毳冕、希冕、玄冕，合稱六冕。應用場合、形制樣式都有區別。值得注意的是，冕冠上的「旒」，也就是前尾綴著的那幾串珠子，根據場合的輕重、身分地位的高低有嚴格的數量要求。場合越大越重，身分地位越高，則旒的數量也越多。通常皇帝為十二旒，諸侯貴族的旒則有九、七、五之分。除了區分場合與身分，旒還可以規範皇帝的言行舉止，即坐有坐相，站有站相，走路要四平八穩，不失帝王風範。不然冕冠上的旒就會亂七八糟，有損皇家尊嚴。

隨堂考參考答案 ① A ② B ③ A

盲猜隨堂考

1 家院大門前的石獅子不能用來—

  Ⓐ 祈福求子

  Ⓑ 祈求平安

  Ⓒ 降魔驅邪

  Ⓓ 護家鎮宅

2 獅子能慢慢爲百姓所瞭解的重要原因是？

  Ⓐ 「百獸之王」的市井傳說

  Ⓑ 成爲佛教的「吉祥物」

  Ⓒ 西方的馬戲團表演

  Ⓓ 皇家掀起的養寵風潮

3 中國石獅中的雄獅腳下一般踏著—

  Ⓐ 小獅子

  Ⓑ 球

  Ⓒ 玉璽

  Ⓓ 元寶

我們都會

答案見本單元「小知識」

古人萌什麼？

西方有一種動物，
竟然成為中國的神獸！

在華人社會，
各大機關、機構及豪門巨戶門前，
通常都會放置一對石獅子。

暗中觀察

但為何不用老虎，
而是用外來物種獅子守門？
這得從獅子在中國的出現與演變說起。

先秦時期中國並沒有獅子，
但在獅子入華之前，
中原文獻中已有與獅子相關的記載，
稱獅子為「狻猊」，
是龍所生的九子之一，被視為神獸。

叫爸爸！

爸爸。

> 狻麑（後改麑為猊），如虦貓，食虎豹。
> ——《爾雅·釋獸》

西元前 138 年，
漢武帝派張騫出使西域，
開通「絲綢之路」。
獅子作為貢品，
被西域各國陸續進獻給漢朝，
從此正式踏上中國大地。

> 章和元年（87 年）、章和二年（88 年），
> 月氏國（今喀什米爾地區、阿富汗一帶）、
> 安息國（古波斯）遣使獻來師（獅）子。
> ——《後漢書》

由於獅子那高大威猛、霸道酷炫的外形，
非常有格調，
所以深受各代「貓奴」帝王的喜愛。

有貓的人生才是成功的！

話說我是獅子啊，喵。

那你喵個鬼啊！

魏晉時期，
獅子還只是皇家寵物，
民間百姓並沒有見過活物。
但由於佛教盛行，
獅子作為佛教瑞獸，
慢慢為百姓所瞭解，
成為百姓心中神聖的動物。

例如：北魏時期，
每年4月4日都會在洛陽千秋寺舉行佛像遊行。
在遊行隊伍最前面，
會有由人扮演的獅子表演噴火，為佛像開道，
人們常因圍觀該表演而發生踩踏事故。

四月四日，此像常出，辟邪師子導引其
前。吞刀吐火，騰驤一面……像停之處，觀
者如堵，迭相踐躍，常有死人。
——《洛陽伽藍記·長秋寺》

《洛陽伽藍記》中還記載，
在北魏孝莊帝時期，
波斯國曾進貢一頭獅子，
孝莊帝將其與虎豹一起養在皇家園林，
結果虎豹見了獅子紛紛奔逃，
從此獅子被認為是百獸之王。

但戰鬥力最強的其實是
公獅子背後的母獅子。

唐朝國力強盛，
西域各國為了交好巴結，
紛紛加大貢獅的數量以換取賞金。
作為資深鏟屎官，
唐太宗還特命虞世南作《獅子賦》，
閻立本作《獅子圖》。

啊！獅子獅子，你有四條腿。

開心
開心

批閱處

自唐宋之後，
獅子慢慢從皇室走入民間，
中國的獅文化向世俗化演進。

為了讓牠保佑人們平安，
工匠以石獅子為替代品，
放置於陵墓及大門前，
降魔驅邪、護家鎮宅、祈求平安。

明朝時期，
由於海上絲綢之路的開通，
貢獅大量增多，
外國商人常以進貢獅子為由，
前來明朝坑矇拐騙。

只要 998，
萌寵帶回家。

成化 14 年（西元 1478 年），
撒馬爾罕使臣怕六灣等前來貢獅，
因不滿足於明朝所給賞賜，
一路加價、手段下流，
最後被朝廷派人強送出國。

花了這麼多冤枉錢，
皇帝不開心了，
明朝後期「卻貢（退貨）」之事屢見不鮮。

> 　　明代時帖木兒王朝進貢的一條獅子價值，明王朝
> 需付出 30 箱商品，每只箱子裝 100 種不同的商品：
> 綢緞、緞紋布、馬鐙、鎧甲、剪刀、小刀、鋼針等。
> 每種商品單獨成包、每只箱子中共包括 1000 包，也
> 就是說共有 1000 種商品。
>
> 　　　　　　　　　　　　　　　　　——《中國紀行》

批閱處

黃桑，那群騙子又來了。

叫他們滾，這次無論如何
都不能把辣條給他們。

明代是獅文化發展的高峰時期，
許多宮殿、園林、府第、衙門前
都設置了石獅子守門，
成為古代建築不可缺少的裝飾。

經過中華文化多年的洗禮，
中國石獅子的形象添加了許多中國元素。
與現實中的獅子相比，
無論是造型還是內涵，
都發生了極大的變化。

我要整成中國同款，Please（拜託）！

這裡是寵物醫院不是醫美診所。

中國石獅通常會做成雌雄成對，
雄獅居左，一腳踏一顆球，
象徵著權力、威嚴。
雌獅居右，一腳踏一隻小獅子，
象徵著仁慈、子嗣昌盛。

在等級森嚴的古代，
石獅子最開始的使用也是有限制的。
等級就表現在自己燙的「大波浪」上。

石獅子頭上並不是飄逸的毛髮，
而是一個個「髮捲」。
而且數量是有嚴格規定的！

我也來綁幾個髮髻。

官階	石獅子髮髻（髮捲）數量
一品	13個（十三太保）
二品	12個
三品	11個
四品	10個
五、六品	9個
七品以下	門前不許擺放石獅子

當然，
「十三太保」並不是最高級。
皇帝家的石獅子，
頭上一般有 45 個「髮捲」。
而故宮裡的 6 對石獅子中，
又數太和門前的石獅子，
髮捲燙得最大、最美。
這是因為太和門為紫禁城最大的宮門，
是「御門聽政」之處。

至於為何是 45 個？
誰叫皇帝是真龍天子，
九五至尊呢。

三八婦女節，五一勞動節，五九（九五至尊）……

數學老師

既然七品以下官員不得使用石獅，
那民間小戶自然更沒資格使用。

然 鵝

勞動人民的智慧是無限的，
為了享受獅子的庇護，
他們將彩布紮成獅子，
逢年過節時拿出來炫個技，
逐漸演變成了民間流行的祈福活動。

原來我是玩剩下的。

宋朝《百子嬉春圖》

在清朝時期，
獅文化徹底民間化，
老百姓也能使用石獅了。
民間匠人開始大量雕刻石獅子，
於是民間出現了隨處可見石獅子的景象。

既然說到石獅子，
就不能不提盧溝橋。
有句歇後語，
「盧溝橋的獅子──數不清」，
形容盧溝橋石獅子數量之多。

據說乾隆皇帝曾親自數過盧溝橋上的石獅子，
但他從橋東數到橋西是 408 隻，
反過來數卻成了 439 隻，
再數又成了 451 隻。

最終是文物工作者完成了這個工作，
《盧溝橋的獅子》裡寫到，
「現在人們把這裡的獅子數清了，總共有 501 隻。」

從石獅子身上，
可以看到中國獅文化的獨特內涵，
獅子作為外來引進動物變成中國石獅，
並不斷演變，
表現的是中華文化中寬容而靈活的一面，
這也正是中華民族得以生生不息的原因。

溫馨提示：
石獅可愛，可不要攀爬喔！

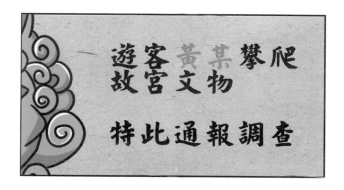

小劇場

御門聽政

是皇帝在特定的地點，就國政大事聽取臣子意見並做出決策的一種處理政務的形式，因為在清晨召開又稱為「早朝」。明朝時是在太和門，清朝則在乾清門。每天拂曉，無論官位大小，所有品級的官員都從京城各處府邸趕來，聚在宮外排隊等候。等時辰到了，士兵檢查權杖身分再依次放入宮內，到太和門的台階下依序站立等候，皇帝則坐著轎子從專用的「御路」過來。

皇帝有那麼多華美的宮殿不用，為什麼偏偏要在這露天廣場舉行會議呢？是因為古人講究「天人感應」。他們認為，皇帝是「奉天承運」、「承天命而治百姓」，所以與眾臣商議事情時也要讓上天知道，更重要的是，可以讓上天知道皇帝賢明勤政的心。但御門聽政到了咸豐皇帝以後就沒有了，取而代之的是慈禧太后「垂簾聽政」。

《獅子賦》

隋唐時期，海上絲綢之路相當繁榮，與絲路沿線的國家各民族的交流也越加密切。貞觀 9 年（西元 635 年），康國（今烏茲別克斯坦共和國境內）進貢獅子，唐太宗特命祕書監虞世南為之作賦，稱為《獅子賦》。此賦辭藻華麗，生動描寫了西域進貢的獅子的真實面貌。唐代的獅子文化由此盛行，從巨大的陵墓石獅，到精緻細小的工藝金屬獅，抑或是民間舞獅活動的造型，全部都比例適當、體態靈動。

盲猜隨堂考

1. 拿什麼小動物去找王羲之，有可能換到他的眞跡呢？
   - Ⓐ 小貓咪
   - Ⓑ 小鳥
   - Ⓒ 大白鵝
   - Ⓓ 小狗狗

2. 明宣宗朱瞻基喜歡什麼小動物？
   - Ⓐ 蛐蛐
   - Ⓑ 螳螂
   - Ⓒ 小鳥
   - Ⓓ 鶴

3. 被雍正取名爲「造化」、「百福」的是？
   - Ⓐ 他的兩個得力太監
   - Ⓑ 他的兩個貼身丫鬟
   - Ⓒ 他最喜歡的兩個花瓶
   - Ⓓ 他寵愛的兩隻寵物

都不會⋯⋯

答案見本單元「小知識」

古人養寵物，
就是人不如狗貓鵝鶴蚰猴的悲慘故事

有一句話說：「累得跟隻狗一樣」。
其實狗，
並沒有人這麼累。

有一種人，叫人不如狗。
有一種寵物，叫別人家的寵物。

不信？

我今天就來震碎你的三觀，
揭露一系列⋯⋯
人不如貓狗鵝鶴蚰象猴的悲慘故事！

嘎嘎嘎嘎
（黃桑，還不給本鵝鏟屎！）

憑你也配？

捨得花錢算什麼，封個將軍才叫愛

春秋時期衛國國君衛懿公，
史上第一人——
將「百行以寵物為先」貫徹到底。
他的豪宅不是豪宅，
是改造後的專業養殖場；
他的寵物不是一般神獸，
是道家專用坐騎——
飛天神鶴。

作為「王的鶴子」，
仙鶴有義務享受國家特殊津貼。
待遇好過皇后——可同乘龍輦；
並且有正當收入——鶴稅，
供神鶴又吃又拿。

重點是！

牠還被封為——
飛天神鶴大將軍。

看到本將軍在此，還不下跪！

衛懿公腦袋進水，
但廣大百姓並沒有。
閔公 2 年（西元前 660 年）狄人攻打衛國，
衛懿公率領一眾神鶴出征。
眾將士紛紛表示：
讓你的鶴去殺敵啊！哪裡用得著我們？

不怕神一樣的對手，就怕豬一樣的隊友。

鶴當然不能殺死敵人，
衛懿公自己倒被敵人殺死了。

衛懿公好鶴，鶴有乘軒者，將戰，國人受
甲者皆曰：「使鶴，鶴實有祿位，余焉能戰！」
——《左傳》

後宮裡的人，不如後宮裡的貓

明朝嘉靖皇帝是古代段位最高的鏟屎官，
他養了兩隻貓咪──「雪眉」和「獅貓」，
在後宮裡，
嘉靖經常和貓咪玩耍和牠們同吃同住，
對貓咪的寵愛遠超後宮嬪妃，
讓後妃們一身宮鬥術無法施展。

愛貓去世後，
嘉靖皇帝還給它打造了一副黃金棺材，
享受了「24K 金」的豪華葬禮。

黃金棺材

真跡無價寶，養鵝價更高

在東晉，出現了一位「鵝奴」，
沒錯，他就是知名「大咖」書法家──
王羲之。
他不但愛鵝，
還把鵝的形態融於書法。

其食指須高鉤，大指加食指、中指之間，使食指如鵝頭昂曲者。

——《藝舟雙楫》

誰不知王羲之真跡價值連城？
當時就有人專門養大白鵝，
來套王羲之。

三、三幅《蘭亭序》！

不行，再加兩幅《黃庭經》！

又山陰有一道士，養好鵝。羲之往觀焉，意甚悅，固求市之。

——《晉書》

不愛江山愛蟋蟀，生來就是蟋蟀王

明朝明宣宗朱瞻基，
登基後第一時間不是整治朝政，
而是頒發紅頭文件：
過年過節不收禮呀！
收禮只收——
蟋蟀。

宣廟好促織之戲，遣取之江南，其價
騰貴至十數金。

——《皇明紀略》

如果你是朱瞻基愛妃，
你可能會問，
蟋蟀重要還是我重要？
這個問題的難易程度不亞於——

朱瞻基

人不如寵，比比皆是。
最厲害的是，
明武宗朱厚照一退位，
就跑去了動物園當「動物」。
待在豹房裡——

朱厚照

但講到對愛寵最花心思的，
我只點名一個人──雍正。

談戀愛不如愛狗。

他愛狗愛到什麼程度呢？
大到天冷添衣，一日三餐，
小到設計狗籠、狗衣圖案，
通通親自欽定。

雍正元年（西元 1723 年）7 月 6 日，傳旨：
給造化狗做麒麟衣一件、
老虎衣一件、㺎猊馬衣兩件，
具用良鼠皮等毛做。

冷不冷？要不要爸爸給你再穿一件？

神經病！7 月份穿貂！

雍正 3 年（西元 1725 年）9 月 4 日，傳旨：
做狗窩兩個，
裡外吊氆氌，
下鋪羊皮。

狗滿意，雍正爸爸加你火腿腸。
狗不爽，製衣叔叔送到火葬場。

著實將「人不如狗」這個方針，
貫徹到底！

身為一個在位 13 年，
狂批奏章一千多萬字，
每天睡眠不足 4 小時的工作狂皇帝，
雍正只要一下班，
第一時間不是跑去後宮而是「擼狗」。
也許擼狗對雍正來說，
就是緩解工作壓力的方法。

注：氆氌是藏族地區生產的一種羊毛織品。

我愛工作，工作使我快樂……

批閱處

古代人養寵愛寵，
都知道要善待寵物，
可是現在有些人心腸比古人更硬，
不開心的時候就拿寵物出氣，
要搬家了嫌麻煩隨意拋棄寵物，
更可怕的還有折磨、虐待寵物。

人類的文明水準，
應該是隨著歷史的發展而不斷提升，
在 21 世紀的今天，
如果我們對寵物的愛護做得還不如古人，
你說丟人不丟人？

朕要下旨，秀恩愛要處死。

朕也要徵友去虐狗。

朕帥
真心徵友

發送

半小時後

朕帥

帥哥～交朋友嗎？

好帥～有女朋友嗎

萌萌噠～！

不要總誇朕帥嘛！

我們走，別讓黃桑知道是我們當網軍。

小知識

朱厚照的豹房

明武宗朱厚照，是一位極具爭議性的統治者，他任情恣性、玩樂無度，寵信宦官、施政荒誕，甚至會搶奪有夫之婦。為了遠離宮廷禮儀和大臣官吏的約束，他不願住在紫禁城，於是便斥重金在當時西華門外的太液池南岸建造宮殿，稱為「豹房」。豹房修好後，朱厚照乾脆吃住都在那裡了。豹房其實是朱厚照的一個娛樂場所。他在裡面養了大量的珍禽異獸，特別是豹，因為朱厚照對這種兇殘的動物尤其鍾愛。朱厚照還把搜羅來的美女全部養在豹房裡，可算荒淫至極。

「狗迷」雍正

在古代，能養得起寵物的都是達官顯貴。而最受歡迎的寵物莫過於狗。狗不但能賞玩，還能捕食打獵、看家護院。

在清朝，皇室中人都特別愛養寵物。但說到誰最癡迷，就不得不提雍正了。雍正養了很多狗，但最受他喜愛的兩隻狗分別叫「百福」和「造化」。勤政的雍正，即使政務再忙都會抽出時間逗弄牠們。不僅如此，雍正還會親自過問寵物們的生活，狗籠、狗衣服、狗畫像等等都要一一把關，甚至有一個狗籠反反覆覆做了 1 年多才滿意。

隨堂考參考答案 ① C ② A ③ D

盲猜隨堂考

① 魏晉南北朝的選官制度叫？

  Ⓐ 世襲制

  Ⓑ 世卿世祿制

  Ⓒ 九品中正制

  Ⓓ 客卿制

② 唐《選舉志》中記載了對誰的選拔標準？

  Ⓐ 才人

  Ⓑ 宮女

  Ⓒ 太監

  Ⓓ 嬪妃

③ 通過鄉試之後就要——

  Ⓐ 考會試

  Ⓑ 考院試

  Ⓒ 考殿試

  Ⓓ 考縣試

棄權

呃……

再想想

答案見本單元「小知識」

古代的公務員

古人考公務員有多難？

每年公務員考試時，總忍不住感嘆：
考試難，難於上青天，
路路崎嶇，科科難。

從考場上走出來，
就只有一個心情——

三分天注定，九十七分全是命。

今天我就賜你一架時光機，
送你到古代看看，
古人考公務員，
到底有多難？

預習
我可能複習了假書

五代十國時期，
考公務員最為「變態」。
南漢後主劉繼興頒過一個雷人政策：
「至其群臣有欲用者，皆閹然後用。」

閹？

用今天大白話翻譯過來就是：
凡是想當公務員的，
請先自宮再說！

這招夠狠！

而這一切都來源於，
南漢後主奇特的邏輯。
在他腦海裡，
只有沒孩子老婆的人，
才能好好地為自己工作。

你這樣還有人敢為你工作嗎？

劉繼興

多的是。

> 群臣皆自有家室，顧子孫，不能盡忠，
> 惟宦者親近可任。
> ——《新五代史·南漢世家》

春秋以前流行世襲制，
即世卿世祿制。
那什麼是世卿世祿制？
簡單來說，如果你爹是當官的，
爹死了，
你就自動繼承官位。

除非你犯法，
不然也沒人敢炒你。

我家，在整個銀河系、
整個宇宙都是最大的。

魏晉南北朝實行的九品中正制，
也同樣是「拚爹」，
想當多大的官，
完全以家世定品級。

是以上品無寒門，下品無勢族。
——《晉書·卷四十五·劉毅傳》

如果你只是個灰頭土臉的「窮二代」，
就別想那麼多了。

洗洗睡吧，
夢裡啥都有。

戰國時期天下混戰，人才緊缺，
逐漸實行客卿制，
公務員往往從平民中提拔任命，
又稱為最「三不限」的公務員考試。

不管你是從牢房出來的，

愁啥愁，當官去。

管夷吾舉於士。
——《孟子》

還是生活在海邊的小漁村，

釣啥魚，當官去。

孫叔敖舉於海。
——《孟子》

或者是被販賣的奴隸，

哭啥哭，當官去。

百里奚舉於市。
　　　　　——《孟子》

只要你有才，
通通能當官！
不過，
前提是你得遇到貴人把你推薦上去……

**老子要有這麼好命，
還當個鬼公務員？**

批閱處

長得醜不是你的錯，醜還出來當官就是你的不對了！

唐朝流行「顏值制」，
長相和官運成正比。

《新唐書》中的《選舉志》就有記載對人才的選拔標準：
一曰身，即體貌豐偉；
二曰言，即言辭辯正；
三曰書，即楷法遒美；
四曰判，即文理優長。

簡單來說，就是——
第一看長相，
第二看會不會說人話，
第三看字寫得怎麼樣，
第四才是看文章寫得怎麼樣。

比起王維因詩畫雙絕和顏值爆表，
受到公主青睞而後平步青雲，
才子羅隱就沒那麼幸運了，
僅因顏值負分，
就栽了好多次跟斗。

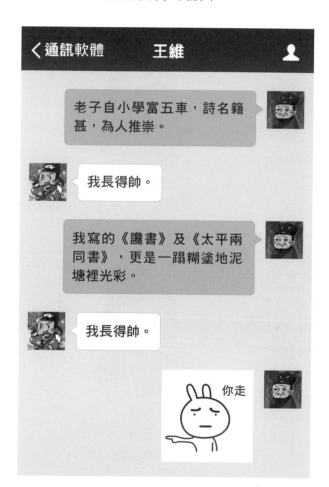

到了明清時期，
科舉制度已經比較完善。
公務員考試又分為，
院試（即童生試）、鄉試、會試和殿試。

考試去！

考秀才要考三場，
縣府省各考一場。

沒有廁所？！

鄉試考三天，
吃睡全在沒廁所的大單間中。

我都餿了……

會試也考三場，
吃睡也是全在沒廁所的大單間中。

緊張，肚子痛！

殿試考一天，
皇帝出考題。

到了殿試這一步是不會刷人，只排名次。
所以長得醜的，請放心。

起碼可以拿個探花。

考試大綱也很簡單，
基本上是「四書五經」。
但考試內容就難講了。

考試內容規定，
文章必須要以「四書」文句為題，
格式必須要為八股文，
解釋必須以朱熹《四書集注》為準。

不就背書嗎？有那麼難嗎？
不難，總共也就背——
4、50萬字，
4、50萬字，
4、50萬字而已！

朱熹老先生光是《論語集注》就有11多萬字……

看來在古代，
想當個官，也是不容易。
比起現在，
老是被問一些奇怪的問題——

小張前夫是小謝，小謝前女友是小王，小王
老公是小李，小李前女友叫小穎，小穎現男
友是小張，阿樹有個前女友叫小州，小州有
個前男友叫小李，小王前夫是阿豆，阿豆有
個堂弟叫阿鵬，阿鵬有個前女友叫小州，阿
鵬堂姐是小穎，小穎前夫是小張，小張現女
友是小穎，小穎前男友叫小李……

批閱處

請問……

小張和小李是什麼關係？

考生，卒。

如今公務員考試依然火熱，
多少人擠破頭求一個職位。
甚至還有很多年輕人，
考公務員完全是迫於父輩的壓力。

但是朕必須得說一句，
世界上絕對沒有十全十美的工作。
在職業選擇上不必跟風。
最適合自己的工作，
才是最好的工作。

《新唐書》

是北宋時期宋祁、歐陽修、范鎮等合撰的一部記載了唐朝歷史的紀傳體史書，為「二十四史」之一。當時宋仁宗認為《唐書》（又稱《舊唐書》）史實零落、錯誤甚多故下令重修。

《新唐書》包括本紀 10 卷，志 50 卷，表 15 卷，列傳 150 卷。修撰的幾位作家謹慎參考唐的文獻和著作，刪減了《唐書》中的怪誕內容，把原本有 20 卷的《本紀》刪改至 10 卷。另外，《新唐書》對《志》的內容十分重視，新增了《選舉志》、《兵志》、《儀衛志》等內容，系統地記錄了唐朝的軍事制度和科舉制度，這是我國正史的一大首創，之後的《宋史》也運用了這一體例，為現代研究古代的軍事制度和科舉制度提供了寶貴史料。

批閱處

八股文

是明朝、清朝科舉考試制度中所規定的一種特殊文體，又稱股賦、四書文、八比文、時文、時藝、制藝、制義。文體有固定的格式，要由「破題、承題、起講、入題、起股、中股、後股、束股」這八個部分組成，因此被稱之為「八股文」。

盲猜隨堂考

1 一般皇帝不用到場參加的會議是？

- Ⓐ 朝參
- Ⓑ 集議
- Ⓒ 諫議
- Ⓓ 覲見

2 「鹽鐵會議」的名字從何而來？

- Ⓐ 進行「煉鹽」和「煉鐵」的技術交流。
- Ⓑ 在鹽鐵業都極為發達的地方舉行的會議
- Ⓒ 討論鹽鐵專賣的會議
- Ⓓ 由鹽商和鐵匠主持的民間集會

3 「罷黜百家，獨尊儒術」出自董仲舒的哪部作品？

- Ⓐ 《天人三策》
- Ⓑ 《新論・本造》
- Ⓒ 《春秋繁露》
- Ⓓ 《舉賢良對策》

我們都會

答案見本單元「小知識」

開、會、啦！

有事稟報，無事退朝

在這個資訊傳遞極為發達的網路時代，
人們能便捷地獲取世界上任何一個角落的消息，
包括瞭解國家制定的未來發展計畫。
那麼，在網路不發達的古代，
國家發展相關的討論會議是如何進行的呢？

古代政治會議：
朝參、集議

古代的朝廷就好比一個班級，
皇帝是班長，
管理著朝中的文武百官，
但有些特殊的朝代，
會出現副班長坐大（宰相專權）的情況。

孩子拿高分
全靠班主任、班幹部會議

朝參由皇帝親自主持，
是百官觀見的一種形式。
也就是古代電視劇中的上朝場景，
相當於班長帶領的
班幹部會議。

注：每個朝代的口號都有些不同，但重要的事情都要說三遍──喊三聲萬歲。

朝參類似御前會議，
參加的都是三公九卿級別的官員，
最低也是正五品。
會議舉行時間不長，但相對頻繁。
到了唐代變成每日或者隔日舉行。

現在辦公發的是筆記型電腦，
當時大臣們用的則是笏板，
相當於現在的備忘錄。

笏，忽也，備忽忘也。
——《釋名》

班級跑得快，還得幹部帶

班級動員大會

「班長」定好一週指標，
放手讓「幹部們」商量執行，
這就是集議。

集議由三公級別的大臣主持，
皇帝一般不到場，規模相對多變，
允許更多小官員參加，
並且通過的議案需要認真執行。

古代最著名的一次集議是鹽鐵會議，
這是漢昭帝時召開的辯論大會。
60 餘名省市主管官員和基層代表，
進行治國理念的大碰撞，
制定了相關政策，
後人整理出了著名的《鹽鐵論》。

古代「會議」有著完整的體系，
提高了行政效率，
加強了中央集權。

團體戰有輸出，得看風紀股長，
「一個成熟的小建議」

此外，還有一種影響深遠的諫議制度，
即給皇帝提意見，專挑毛病和不足，
就像班裡出謀劃策的風紀股長。
擔當此任的官員叫作諫官，
不過這個職位自帶招黑體質。

諫議制度早在先秦已出現，
要求諫官拿出提案供皇帝決策參考。

最有名的風紀股長叫董仲舒，
他在《舉賢良對策》提出的，
「罷黜百家，獨尊儒術」
對後世產生深遠影響。

而最倒楣的諫官要屬白居易了。
他無論大事小事都要諫言，
充電5分鐘，諫言2小時。
由於堅決反對一名官員的升職，
而被罵「小臣不遜」，
貶為江州司馬，
於是就有了名篇《琵琶行》。

同是天涯淪落人，今晚我帶你超神。

當班幹部雖然很風光，
但他們的生活都過得比較艱苦，
尤其是作息時間，令他們苦不堪言。

曉聲隆隆催轉日，暮聲隆隆呼月出。
——《官街鼓》

在唐朝，凌晨 4、5 點就要早朝，
代表們為了趕上早自習，
往往得半夜就從被窩爬起，
五更天之前必須來到朝堂。

我每天的工作就是，擦！

住得遠的幹部們更是辛苦。
清代光緒年間，一位大臣抱怨：
「天顏清減，深以為憂，
竟無人敢以攝養之說為聖明告者。」
就是說，皇上臉色不好都是太早上班搞的啊！

但早朝制度也要看皇帝是否勤政。
如果遇到像明神宗萬曆皇帝這樣的班長，
近 30 年都沒上朝，
臣子們自然也有偷懶的機會。

皇上不在的第 8030 天
5 小時 04 分，想他。

這是由於明神宗時期文官掌權，
諫官們肆無忌憚地對他進行言語攻擊，
來了一波又一波，萬曆也很無奈。
上個朝就像參加了一場吐槽大會……

皇帝呀，不是我說你，你這樣那樣這樣還有那樣是不對的。

總的來説，
這些會議和制度發揮了維護班級利益、
促進班級發展的巨大作用。

三個臭皮匠勝過一個諸葛亮，
集體的智慧碰撞出的火花，
永遠超乎人的想像，
一直推動著社會的發展進步，
這大概就是古往今來，
開會的真正意義。

笏板

又稱奏板、朝板、手板、手簡、玉板等，是中國古代大臣上朝時必須拿著的一塊弧形板子，長度大約 2 尺 6 寸，中寬 3 寸，大約像是一個成年人手臂的大小。根據官階、官職的不同，笏板所用的材質、大小、樣式也會有些許細微的差異，大多數都是用玉、象牙或竹製成，所以即使體積不大卻十分貴重。古時候文武大臣朝見君王時，雙手執笏以記錄君命或旨意，同時也可以把要上奏君王的話記錄在笏板上，作為備忘錄。笏板也有遮口穢的用意，以表示對帝王尊敬。笏板最早出現在春秋以前，有部分學者認為商朝以前就有在使用了，是中國古代官員使用時間最長的一種辦公用品。

鹽鐵會議與《鹽鐵論》

漢昭帝時期，延續了漢武帝時制定的財政政策，包括鹽、鐵、酒由朝廷專賣及物價調整等各個方面內容。後來，大臣霍光召集了 60 多個賢良文學與丞相、御史大夫聚集在一起，就各項政策是否有必要廢止進行辯論。這次辯論即歷史上的「鹽鐵會議」。漢宣帝時，曾擔任廬江太守的桓寬把當時的會議記錄整理、編撰成文，即《鹽鐵論》。全文保留了對話的體例，共 10 卷 60 篇，內容包含政治、經濟、軍事、文化、外交各個方面，比較全面地反映了當時的經濟狀況和相應政策。

盲猜隨堂考

① 古代「年終獎金」的概念最初出現在哪個時期？

　Ⓐ 東漢時期

　Ⓑ 西漢時期

　Ⓒ 清朝時期

　Ⓓ 春秋時期

② 宋朝的著名大文豪歐陽修爲什麼要租房度日？

　Ⓐ 沒找到合適的樓房

　Ⓑ 房子都是國家的

　Ⓒ 喜歡到處旅遊

　Ⓓ 房價太高

③ 清朝的「荷包年終獎金」中，小荷包一般裝有──

　Ⓐ 銀錢數枚

　Ⓑ 金銀八寶

　Ⓒ 銀票

　Ⓓ 翡翠玉石

都不會……

答案見本單元「小知識」

穿越需謹慎，
有的朝代薪水真的低！

每年過年的時候，
孩子最期待的是壓歲錢，
大人最期待的是年終獎金。
而在廣東未婚的成年人，
最期待的就是——
壓歲錢、年終獎金，雙重大禮！

其實早在古代，
就已經有了年終獎金的概念，
但具體金額是多少？
是否能撫慰當時「社畜」的心呢？

年終獎金發放規則·古代版

- 請仔細閱讀原文
- 深刻理解其中涵義
- 用心體會薪資水準
- 謹慎選擇朝代穿越

東漢時期：別人家的公司

不要一提到東漢就——

好了，烽火可以休息一下了。

東漢除了分三國，
在分錢這件事上也不輸後人。
例如，年終獎金這個概念，
最早就是從東漢時期開始有的。

只是，
那時候能參與年終獎金分配的人，
只有國家官員，
普通百姓是無法參與的。

我要哭了。

差不多每年剛進臘月的時候，
皇帝就開始準備給文武百官們發年終獎金。
根據職位的不同，
得到的年終獎金自然也不同，
據記載大概是——

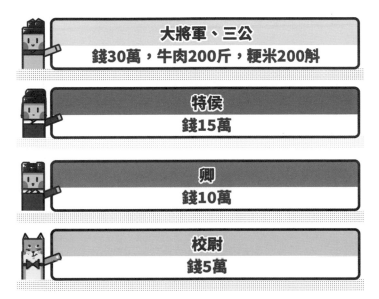

大將軍、三公
錢30萬，牛肉200斤，粳米200斛

特侯
錢15萬

卿
錢10萬

校尉
錢5萬

大將軍、三公，臘賜錢各30萬，牛
肉200斤，粳米200斛。特侯15萬。卿
10萬。校尉5萬。

——《漢官儀》

注：1斛=1石=10斗=120斤

我猜你們大概看不懂，我來解釋，
按照現在的價值對比大概是：
一枚五銖錢＝新台幣 1.74 元；
牛肉 20 錢／斤＝新台幣 17.4 元；
粳米 400 錢／斛＝新台幣 696 元。
所以，
他們的年終獎金折合成新台幣大概是：

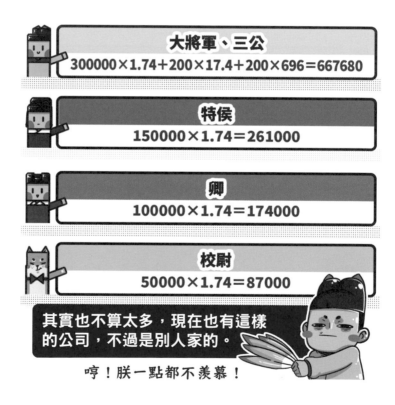

大將軍、三公
$300000 \times 1.74 + 200 \times 17.4 + 200 \times 696 = 667680$

特侯
$150000 \times 1.74 = 261000$

卿
$100000 \times 1.74 = 174000$

校尉
$50000 \times 1.74 = 87000$

其實也不算太多，現在也有這樣
的公司，不過是別人家的。

哼！朕一點都不羨慕！

忘了說，
東漢不僅有年終獎金，
立春還有春賜，
相當於一整年有兩次年終獎金，
而且每次都比你多。

求你別說了。

立春之日，遣使者賜文官司徒、
司空帛 30 匹，九卿 15 匹。

——《漢官儀》

不過大家也不用太難過，
以上都是高薪人才。
對於一些普通官員來說，
年終獎金還是得靠部門自給自足，
營收能力弱一點的部門，
會指派一個「回收管理員」，
積攢一整年的「文具回收品」，
年末的時候到回收市場販售，
當年終獎金發給部門員工。

宋朝時期：你的年終獎金還沒我月薪高

比起東漢時期的大手筆，
宋朝的年終獎金似乎就顯得有些寒酸了。
上至宰相級別的官員，
年終獎金也只有 5 隻羊、5 石麵，
以及 2 石米和 2 罈子黃酒。

宋朝人年終獎金低，
是因為他們——
完全不需要靠年終獎金獲得快樂。
為什麼呢？
因為宋朝人的薪資水準……
宰相！年薪 360 萬！

這還僅僅只是基本工資，
另外還會附加各種福利補貼，
職錢、公用錢、職田、
茶湯錢、給卷、廚料、薪炭等等，
輕輕鬆鬆年入幾百萬不是夢。

別擋著我，我要穿越！

不過欣慰的是，
宋朝雖然工資高，
但房價更高。
即便宋朝重文輕武，
很多大文豪：依舊是租房生活。

歐陽修就曾是資深租屋族，
窮到租房租了 10 幾年，
還寫信給朋友抱怨租房品質糟透。

心裡毫無欣慰，甚至更想哭，
說得跟現代人買得起房一樣。

> 嗟我來京師，庇身無弊廬。
> 閑坊僦古屋，卑陋雜裡閭。
> ——《答梅聖俞大雨見寄》

明朝時期：如果想當鹹魚，請謹慎

在進行了多方研究後，
我們發現，
明朝不僅假期少！
工資也低！
甚至連年終獎金都沒有！

成功入選，
上班族最不想穿越的朝代之一。

強顏 明朝 歡笑

I'm fine! （我很好。）

不過，
沒有年終獎金也沒關係，
窮雖然限制了人類的購買力，
卻不能限制人們的想像力。

例如：明朝人，
就透過自己的「智慧」
創造了一種新型年終獎金──
炭敬。

世間本沒有年終獎金，窮
的人多了，也就有了年終
獎金。

──魯迅
並沒有說過

批閱處

炭敬，
從字面上看就是寒冬來臨時，
各地官員向京城官員購買來取暖用的木炭。
但實際上已成為一種官場潛規則，
每年寒冬，
下級官員可以借著買炭的名義，
「孝敬」京城官員。

您好，我們來買一根炭。

靠著單純不做作的炭敬，
讓那些在京城、
拿著一手資料資訊的明朝官員，
在年終時候應該過得也算是頗為滋潤。

那我們不在京城的⋯⋯

現代人可以開始嘲笑他們，假期
少、工資低，還沒年終獎金了。

清朝時期：即使貧窮，也要靠創意掩飾

而要說會玩，
莫過於清朝時期的年終獎金。
那時候的年終獎金，
就像現在店鋪的福袋一樣，
皇帝將獎勵裝進不同的荷包裡，
再分發給各個官員，
官員事先都不知道自己會拿到什麼。

驚喜福袋，只要 999，買不了吃虧買不了上當。

哇！要一個！

我猜你一定很好奇，
那荷包裡面究竟會有什麼呢？
有說法是，
大的荷包有一對是賜給親王的，
一般裝有各色玉石八寶一份。
小荷包分四對賜給大臣，
一般裝有金銀八寶各一份。
而再下面還有給小官的小小荷包，
一般裝有金銀錢四枚，金銀錁四枚。

玉石八寶

金銀錢四枚

今天也要「加油鴨」

說完了這麼多朝代，
究竟該穿越到哪個朝代，
想必大家心裡也該有數了吧？

那就先把 30000 字的年終報告 WORD、
200 頁的年終總結 PPT、
8000 項的年終數據 EXCEL，
都先交上來，
再好好穿越吧！

好啦，也別想那麼多啦！
種瓜得瓜、種豆得豆，
好好踏實工作，
該有的年終獎金，
總會有的。

小劇場

飄風

擠

賣力

嘎嘎！

哇！這就是黃桑給然鵝的年終獎金嗎？

嘎嘎嘎！

好暖啊。

怎麼來廚房了？

挑挑

揀揀

？？

‧‧‧‧‧‧

扔！

嘎嘎嘎？！

春賜和臘賜

東漢時期，皇帝為了激勵官臣吏使，每年都會挑兩個重要的日子給大家發放獎勵，這兩筆獎勵分別叫作「春賜」和「臘賜」。根據《漢官儀》的記載，春賜通常會在立春那天，皇帝命人給所有官吏發絲帛綢緞：文官司徒和司空 30 匹、九卿 15 匹、武官太尉和大將軍 60 匹、校尉 30 匹。「臘賜」則是在冬天，因為是在臘月接近過年的時候，所以，直接給文武百官發銀錢，像大將軍、三公能得錢 30 萬，牛肉 200 斤，粳米 200 斛。大將軍和三公每個月俸祿大約在 3 萬到 4 萬之間，「臘賜」一發就是大半年的工資，類似現在的年終獎金。春賜和臘賜，增加了官員的福利，但也是朝廷不小的財政負擔。

給卷

宋朝時期，官員外出或赴任的時候憑朝廷發的「給卷」，可以在地方上白吃白住，甚至領用糧食、衣服等，相當於現在的「差旅費」。宋朝的官員俸祿在歷朝歷代中最為優厚，每月俸祿高達 400 貫（四萬文錢），額外還會有祿粟（米）、職錢（津貼）、職田（授田）、茶酒錢、廚料錢、薪炭錢、馬料錢等，且大多以現金支付。

批閱處

盲猜隨堂考

1. 明朝的 30 兩銀子在今天大概是多少錢？

   Ⓐ 新台幣 8 萬多塊

   Ⓑ 新台幣 8 塊多

   Ⓒ 新台幣 8 毛多

   Ⓓ 新台幣 8 百多

2. 朱元璋時期，相當於現代監察機關的機構叫作？

   Ⓐ 法部

   Ⓑ 法理寺

   Ⓒ 都察院

   Ⓓ 監察院

3. 官吏會裝作「不小心」地去踹一腳百姓繳納的糧食，這是為了？

   Ⓐ 檢查有沒有以次充好

   Ⓑ 檢查是否藏有異物

   Ⓒ 一種表示「收到糧食」的作法

   Ⓓ 掉落的糧食可以算作官吏所有

棄權

呃……

再想想

答案見本單元「小知識」

明朝的反貪腐劇：
貪官，他們會這樣死

反貪腐不僅是現代人關心的事，
在明朝，也有一齣紅遍半邊的「反貪腐劇」。
導演是獨一無二的皇帝──朱元璋。

智慧地
凝視

他，是一位「農民的兒子」。
少年時遭遇饑荒，很慘……
政府送來的賑災糧食也被貪官搶走，
眼看年邁的父母活活餓死。
超級慘……

我是農民的兒子！

我就是農民……

一怒之下，
跟著大哥們去創業。
發誓上位之後，
必定殺盡天下貪官。

果然！
老朱的「公司」一在南京掛牌上市，
立刻就頒布了史上最嚴厲反貪法令。
貪汙銀子 60 兩及以上者，
立殺！

明朝60兩銀子是多大金額？
就是今天的新台幣
123192元

鈔一錠，折米一石；金一兩，十石；
銀一兩，二石。

——《明史·食貨二》

明代一石約等於 94.4 公斤，按今天白米 21.75 元 / 公斤算

也就是說，
所貪錢財還不夠買現在大城市一間廁所大小的房子，
你就得去死了。

怎麼死？別擔心！
老朱以花樣多、玩很大而聞名。

例如：剝皮！
把貪官的皮剝下來，
在皮內塞上稻草做成稻草人。
掛在繼任者的辦公桌旁……

我就靜靜地看著你工作。

愛卿別走，我沒說完！
還有凌遲、抽腸、
開水鐵刷洗刷刷、
閹割、剁手、挑筋……

請選擇……

A　　　　B　　　　C

這部明朝的「反貪腐劇」，
締造了古代酷刑史上最大尺度，
明朝人民都很買帳。

老朱還推出暢銷書——《明大誥》，
寫滿了對貪官的懲罰（玩法）大全，
大量印刷，
成為歷史上全球發行量最大的法律知識類出版品之一，
在民間掀起學習反省的熱潮。

系統提示：前方有一隻野生貪官。

已鎖定

上啊，精靈球！

批閱處

然而，
老朱反貪腐，
越反越貪腐。

因為明朝官員實在是太窮，
明朝公務員工資本來就比別的朝代低。

主頁　　**帳號**　　影片　　熱門

全部帳號(8403)　　　　　　　　　　　　　篩選

 海瑞帳號

窮是清官的通行證，全靠種菜養活全家！

這就逼著官員們變著花樣貪汙，幫補家計。

例如：折色火耗，
賦稅上交時，將碎銀熔化重鑄為銀錠上交，
中間如有「損耗」則由百姓填上。

又如淋尖踢斛，
百姓用斛裝上糧食交納時，
官吏會「不小心」踹一腳，
穀粒震落算作耗損，
成為官吏的合法收入。

洪武 19 年（西元 1386 年）放榜的進士監生 364 人，
1 年後，6 人貪汙獲死罪，
另外 358 人戴死罪、徒流罪辦事（帶著枷鎖辦公）。
全體同學沒一個落下，
「畢業週年派對」就直接在大牢裡開。

老朱也搞過幾次大換血。

結果，幾乎讓大明王朝官員體系全線崩潰。

老朱和子孫們設了司法體系「三法司」
刑部（掌管刑事司法的機構），
大理寺（掌管刑獄的審理機關），
都察院（監察機關），
本來畫風很正經……

然 鵝

偏偏摻和上大明特務群，
錦衣衛、東廠、西廠，
表面熱熱鬧鬧，實際各方牽制，
毫無用處。

居然給自己加戲！

錦衣衛

東廠

西廠

明朝的反貪腐劇以爛尾收場，
淪落為 8 點檔宮鬥戲，
用腳趾頭想也知道
封建時代的舊官吏，
有好多都不是真心為老百姓做事，
而是衝著去撈油水的。
所以，那個時候的反貪腐，
用盡了嚴刑峻法都沒有用。

如今的公務員，
全心全意為百姓服務，
牢記初心、不忘使命，
再加上對於貪腐者重拳出擊，
蒼蠅老虎一起打，
讓貪腐者無處遁形。

《明大誥》

又稱為《御制大誥》，由明太祖朱元璋親自編寫的刑罰大典，包括《大誥》、《大誥續編》、《大誥三編》、《大誥武臣》四部分。朱元璋沒當皇帝之前，親眼目睹了窮苦百姓深受貪官汙吏毒害的悲慘生活。建立大明王朝以後，他認為元朝失敗的原因是朝廷沒有建立相當的權威，導致下層官吏無所顧忌、引發動亂，因此主張重刑重罰，嚴懲貪官汙吏。

《明大誥》中量刑非常重，不僅恢復了肉刑，還新增了許多法外酷刑，例如：梟首、剝皮等。除了量刑法令，《明大誥》的內容還摘錄了當時的一些刑事案例，附有皇帝對官吏百姓的訓導，並設有專門機構負責對平民百姓定期宣講，是歷史上普及最為廣泛的一部法律之一，基本上家家都有一本。

戴死罪、徒流罪辦事

自明朝開國以來，明太祖朱元璋以十分殘酷的手法懲罰貪官汙吏。朱元璋在位期間被殺的官員有好幾萬人，無論是中央官員還是地方官員，甚少有能在職位上善終的人。這致使政府人手嚴重不足，很多官員不得不身兼數職，就連皇帝自己也不例外。於是，朱元璋便制定了一個新的罪刑制度——戴死罪、徒流罪辦事，即官員犯法被判罪之後仍然留職任用。因此，經常可以看到官員披枷帶鎖辦公，或者被打了幾十大板之後，仍然回衙門做官的情形。

盲猜隨堂考

① 錦衣衛的前身「儀鸞司」是做什麼的？

Ⓐ 充當皇帝的門面

Ⓑ 宮中的禮儀老師

Ⓒ 後宮妃嬪的暗衛

Ⓓ 祭祀場合的祭司

② 「儀鸞司」一般從什麼人中挑選出來？

Ⓐ 官宦子弟

Ⓑ 平民百姓

Ⓒ 軍官士兵

Ⓓ 皇宮太監

③ 「儀鸞司」改置為「錦衣衛」的是？

Ⓐ 朱棣

Ⓑ 朱標

Ⓒ 朱樉

Ⓓ 朱元璋

棄權

呃⋯⋯

再想想

答案見本單元「小知識」

古人可以做什麼？

濫殺無辜，無惡不作？
真實的他們並不是你想的那樣

其實偶像團體，
自古以來就存在。
追溯到明朝，
便已有了自己的「偶像男團」──
錦衣衛。

明朝好聲音

錦衣衛甲　錦衣衛乙　錦衣衛丙

我們一起學貓叫！

喵⋯⋯

滾！！

「錦衣」衛，顧名思義，
就是穿著好看衣服的衛隊，
他們身著飛魚服，手持繡春刀，
（其實只有高級錦衣衛才有這待遇……）
是最靠近皇上的帶刀侍衛。

其視牲、朝日夕月、耕藉、祭歷代帝王，
獨錦衣衛堂上官，大紅蟒衣，飛魚，烏紗帽，
鸞帶，佩繡春刀。

——《明史·輿服志》

錦衣衛

紅衣小哥·保鑣

在各類電視劇和小說中，
錦衣衛常被刻畫成堪比美國 FBI 一樣的存在，
是智慧與武功並存的高級特務。

能文能武

他們相當於皇帝的私人警察，
負責打探情報和懲處罪犯。

朕的安危就靠你了！

啊！好喜歡
紅衣小哥！
支持他！

錦衣衛：我是誰？我從哪裡來？

作為在明朝出道的男團，
錦衣衛最開始其實跟特務沒有半點關係。
其前身是儀鸞司，
每當皇帝拋頭露面時，
他們就負責打傘開道、充當門面──
也就是儀仗隊。

打打殺殺的多危險啊，男孩子就應該要美美噠。

身為門面，
儀鸞司人人膚白貌美……
喔不！
不僅容貌俊俏、身材壯碩，
再加上家裡有錢（皆為官宦子弟），

身高　　　　　**住房**

180cm 180m²

深受京城單身女性喜愛。

居然比朕的人氣還高！

那麼可能有人想問，
儀鸞司為何會從偶像男團，
黑化成冷血變態殺手呢？

大家都知道，
明朝初建的時候，
朱元璋是農民起家。
經歷了一番艱苦卓絕、慘絕人寰的奮鬥，
坐上皇位寶座以後，非常沒有安全感，
總覺得有人在背後做一些見不得人的勾當，

總有刁民想害朕！

所以，設立了這麼個機構。

另外，還不能不提另一個關鍵人物——
胡惟庸。

沒錯啦，就是本胡。

胡惟庸

與明朝其他開國功臣相比，
胡惟庸最大的特點就是——
平庸。

注：明太祖朱元璋設立「拱衛司」，後改稱「親軍都尉府」，統轄儀鸞司，掌管皇帝儀仗。
　　但在洪武15年（西元1382年），裁撤儀鸞司，改置錦衣衛。

然鵝

在當上丞相之後，
老胡膨脹了！
開始無所畏懼、放飛自我，
隨意提拔親信，
扣下不利於自己的奏摺。
他國使臣朝貢時，
老胡甚至私下接見將其打發走，
不把老朱放在眼裡。

為了對付胡惟庸，
朱元璋讓儀鸞司培養了特務技能，
搖身一變成為了錦衣衛，
成為御用特務機構。
對胡惟庸進行監視，
收集他的罪證。

有一天，
胡惟庸的兒子坐馬車摔死了，
老胡直接殺死了車伕。
錦衣衛將此事告知朱元璋，
本來給錢就能解決的事情，
老朱卻做出重要批示──
「殺人償命」。

胡惟庸慌了。
意識到只有當上老大才能為所欲為，
便開始了更多的小動作，
最後因謀反罪被株連九族。

朱元璋一手設立了錦衣衛，
但後來也意識到他們太過兇殘，
生前曾下令燒燬他們的刑具，
撤除錦衣衛。

不過作為皇帝手中最好用的兇器，
錦衣衛並沒有消失太久。
朱棣成功上位後，
為鞏固皇位，
重新恢復了錦衣衛。

批閱處

話又說回來，
明朝皇帝對錦衣衛的重用，
也導致了……

錦衣衛不是你想惹，就能惹

在古代，
為什麼只要說到錦衣衛，
就會覺得很酷炫、很厲害的樣子？

這都是因為錦衣衛──有權！

明朝時期，
由於文官集團太過強勢，
皇帝的小日子過得並不舒服，
每天的日常就是與大臣互鬥。

批閱處

就連萬曆皇帝想立與真愛妃子所生之子為太子，
都被大臣們以不宜「廢長立幼」為由，
堅持勸阻。
萬曆皇帝一氣之下，
蝸居後宮、不理朝政，
做了近 30 年的「肥宅」。

蝸居後宮！同樣是皇帝
為什麼你這麼優秀！

大家都是玩了三十六計才當上皇帝，
哪受得了這氣？
於是明朝歷任皇帝都賦予錦衣衛跟東廠極大權力，
專找大臣們麻煩。
這也導致了明朝有三多：
忠臣多、太監多、特務多。

胡了。

錦衣衛自帶法庭和監獄功能，
可以自己抓捕犯人並審判處刑，
提供審查、拷問、關押、處決一條龍服務。

不受司法機關管轄的他們，
只聽皇帝一人的話，皇帝看誰不爽，
錦衣衛就去弄死誰。
在錦衣衛面前，就連刑部和大理寺都要靠邊站。

錦衣衛有多紅？
舉個例子，
你是朝中大臣，有天你在家裡做了什麼事，
錦衣衛會偷偷把你的表現畫下來，
第二天皇帝就知道了！

要是犯事惹上了錦衣衛，
後果很嚴重。
他們辦案殘暴，
一旦被盯上，
就算不死……
不！
死也許才是最好的解脫……

例如，錦衣衛刑罰之一「彈琵琶」，
會先將犯人手腳固定，
脫掉其上衣露出肋骨，
拿刀在犯人肋骨上捅入再拔出，
尺寸掌握十分到位，
犯人只會備受折磨而不死，直至血肉模糊。

明朝時，
一位叫左光斗的大臣被錦衣衛抓去拷打，
最後「面額焦爛不可辨，左膝以下筋骨盡脫」。

既然錦衣衛做了這麼多壞事，
人民會放過他們嗎？

放學別走。

整個明朝，
32 任錦衣衛指揮使，
19 人不得善終。
最窩囊的是明英宗時期的馬順，
居然在朝堂上，
被文官亂拳打死。

我已經元氣滿滿了。

一模一樣

盜版還我青春……

錦衣衛作為皇帝的工具，
很多時候必須替上位者背黑鍋。
因為書寫歷史的都是文人，
他們與文臣相互鬥爭多年，
所以在文人筆下，
錦衣衛幾乎全成了窮凶極惡之徒。

批閱處

本著「凡事都有兩面性」的原則，
我發現錦衣衛並不全是壞人，
他們也辦過實事 ——

除了內政，錦衣衛對外也是狂秀酷炫

錦衣衛除了在朝廷內偵查緝捕，
就連民間的退休老臣藉餘威犯事，
也逃不過他們的法眼，
一旦查處，直接開鍘！

正因為如此，
錦衣衛成為了明朝皇帝
居家必備的貼身保鑣！

到了後來，
但凡心裡有鬼的，
只要看到身穿錦服、操京城口音的人，
基本上都會嚇得直接躲起來。

自從有了紅衣小哥哥，朕再也不用擔心有人打朕的主意了。

嚴陣以待

最厲害的是，
錦衣衛在對外軍事中，
還負責收集軍事情報、
擾亂敵軍作戰計畫。

豐臣秀吉剛開始入侵朝鮮時，
錦衣衛曾潛入日本收集情報。
戰爭全面爆發後，
更與內線裡應外合，大破日軍。

看了這麼多年的諜報劇，終於派上用場。

批閱處

抗倭將領俞大猷
也是被錦衣衛指揮使陸炳所救。
在與外族作戰時，
錦衣衛還多次刺探軍情，
策反敵軍將領。

電影《繡春刀》中的沈煉在錦衣衛中是真實存在的，
他是進士出身，
並不會武功，
因彈劾嚴嵩、嚴世蕃父子，
下獄飽受折磨，
卻沒有屈服。

打人別
打臉！

沈煉

從裝酷耍帥的偶像男團，
到濫殺無辜的冷血特務。

錦衣衛去追求權力巔峰，
沒有對錯。
但我有時也會想，
在每個沾滿鮮血後的夜晚，
他們會不會也曾想要回到
自己還是精緻男孩的
那個偶像年代？

長期以來，我們受戲劇的影響，
覺得錦衣衛全是濫殺無辜、無惡不作的壞蛋。
但是平心而論，
這都是我們的刻板印象而已。

歷史沒有那麼善惡分明，
也沒有那麼多壞到骨子裡的大壞蛋啦。

小劇場

黃桑讓我幫他優化一下人設，比保鑣更帥，更吸粉，但是……

飛魚服

　　明代賜服（皇帝賞賜或奏請批准之後才能穿著的服裝）之一。飛魚是指一種紋理，但並不是以「魚」為圖案的紋理。「飛魚類蟒，亦有二角。」

　　我們提到飛魚服就會想到錦衣衛，是因為明代錦衣衛穿的賜服就是飛魚服。「飛魚服」本身沒有特定的形式，錦衣衛所穿的多為曳撒、貼裡等類似形制（上下連綴、下擺有褶），頗有戎裝的風采，再繡上飛魚紋便顯得美觀又英氣十足。

胡惟庸

　　胡惟庸很早之前就投在朱元璋麾下，是明朝的開國功臣之一，因頗得朱元璋寵信而被一手提拔到「一人之下，萬人之上」的位置，也是中國歷史中最後一任「丞相」，自他之後「丞相」職位被取消。胡惟庸的能力才幹是不容置疑的，但成為丞相以後便膨脹了，結黨營私、大權獨攬。最後朱元璋懷疑他要發動叛亂而將其處死。「胡惟庸案」前後共誅殺了 3 萬餘人，是明初四大案之一。

隨堂考參考答案 ① A ② A ③ D

盲猜隨堂考

① 以下哪位是春秋五霸之一？

    Ⓐ 齊桓公

    Ⓑ 秦始皇

    Ⓒ 姜子牙

    Ⓓ 晉厲公

② 形容秦舞陽的「年十三殺人」是什麼意思？

    Ⓐ 做殺手的經驗已有十三年

    Ⓑ 在正月十三殺了人

    Ⓒ 十三歲就殺了人

    Ⓓ 殺人後逃逸了十三年

③ 「魚腸劍」的名字是怎麼來的？

    Ⓐ 用曬乾曬硬的魚腸製作而成

    Ⓑ 專諸行刺時把劍藏在魚肚子裡

    Ⓒ 每天都要用堅韌的魚腸打磨

    Ⓓ 刀鋒的形狀像魚腸

都不會⋯⋯

答案見本單元「小知識」

刺客

有去無回的古代特殊職業：

上一篇裡，介紹了皇家特務錦衣衛。
而與錦衣衛一樣身手不凡，
卻連皇帝都害怕的人——
刺客，則是古代一種特殊職業。

刺客通常由於政治、私怨等因素對目標進行刺殺。
不同於殺手的是，
刺客針對的是「人物」，而殺手針對的則是「人」。
歷史上有名的刺客，
例如：荊軻、曹沬、專諸、豫讓、聶政等，
都被司馬遷寫進了《史記》。

朕覺得這是「優秀刺客指南」。

那麼，在古代如何成為一名優秀的刺客呢？

首先，你要有高顏值。
其次，沒了。
本篇完。

這篇不是講晉朝美男子的好嗎？

不好意思，拿錯稿。

想要成為一名──
十步殺一人，千里不留行的優秀殺手，
必須具備以下幾點：

要淡定

刺客自古以來都是高危險行業，
雖然有五險一金和相當好的福利待遇，
但一般都是深入虎穴，有去無回。
除非，你有像曹沫一樣的淡定氣質。

> 曹沫執匕首劫齊桓公，桓公左右莫敢
> 動，而問曰：子將何欲？……下壇，北面
> 就群臣之位，顏色不變，辭令如故。
> ——《史記，刺客列傳》

沒錯，在兩國開國際會談的時候，
這個叫曹沫的刺客居然當眾劫人……
劫的還是春秋五霸之一的齊桓公！
在威脅完後，
「顏色不變，辭令如故」
這不就是典型的「打完就跑，真刺激」嗎！

什麼態度！沒見過你這樣的刺客！

當然，要不是後來管仲攔著，
曹沫早就被推出去斬了，
不過曹沫的淡定和勇氣實在可嘉。

同樣淡定的還有著名的——
荊軻。

導演，為什麼把我的臉遮住？

因為你是刺客啊！

> 秦舞陽色變，振恐，群臣怪之。荊軻顧笑舞陽，前謝曰：「北蕃蠻夷之鄙人，未嘗見天子，故振慴……」
> ——《戰國策·燕策三》

在戒備森嚴的秦國，
刺殺秦始皇，難度無異於登天。
而秦舞陽可是「年十三殺人」（13歲就殺人），
連他都被眼前的仗勢嚇尿了，
荊軻卻一言帶過，可謂淡定過人。

絕殺的時候最怕豬隊友了。

要有裝備

人在江湖漂，哪能不帶刀？
古代刺客們行刺方式千奇百怪，
常見的有往食物裡下毒，
例如，有名的唐中宗李顯，
就是被毒殺致死。

安樂公主欲韋后臨朝……乃相與合謀，
於餅饌中進毒。

——《資治通鑒》

刺殺除了用毒，
最簡單粗暴的兵器就是刀劍。
古代十大名劍之一的魚腸劍，
就是刺客專諸的必殺裝備，
它以能藏身於魚腹之中得名。

學了 50 年終於學會烤魚了，我
終於可以當刺客了！啦啦啦！

專諸當時苦學烤魚技術，終得以接近吳王僚。
在呈上烤魚的一剎那拔劍刺殺，
據說魚腸劍刺穿了吳王僚的三層鎧甲，
足見其鋒利程度。

> 既至王前，專諸擘魚，因以匕首刺王
> 僚，王僚立死。
> ——《史記‧刺客列傳》

這……這根魚刺
怎麼那麼大！

記得給個讚喔！

不要命

跟武俠中飛簷走壁的刺客不同，
現實中的刺客往往有去無回，
即使刺殺成功也很難全身而退。

荊軻刺秦的故事大家很熟悉。
風蕭蕭兮易水寒，壯士一去兮不復還。
這正是他的成名單曲，
據說這是當時的上家太子丹為荊軻餞行，
由荊軻的好友兼音樂人高漸離譜曲，
留下的傳頌千古的《易水歌》，
可見刺客這一行業的悲壯。

荆軻的死法還算完整，
「秦王復擊軻，被八創。」
荆軻最終被包圍的衛士所殺。
而刺客聶政死得卻更加悲壯，

聶政直入，上階刺殺俠累，左右大亂。聶政
大呼，所擊殺者數十人，因自皮面決眼，自屠出
腸，遂以死。

——《史記・刺客列傳》

聶政刺殺成功後為了不禍及家人，
不惜毀容自殺，從容就義，
堪稱是刺客界的楷模。

有了這麼三個條件，
你就能踏入古代刺客這個高風險的高薪職業了，
這門古老的職業代表著悲壯與忠勇，
畢竟，
行刺有風險，入行需謹慎。

而我只希望，
世界和平。

大家不要整天打打殺殺，
多種種花草多好哇。

荆軻刺秦王

　　荆軻，也稱慶卿、荆卿、慶軻，戰國末期衛國人，著名刺客。荆軻好讀書擊劍，曾自薦於衛國，但不為所用。後遊歷天下，結識各方名士豪傑，最後在燕國受到了賞識並為太子丹所用。

　　戰國後期，秦國蠶食東方各國，燕國也不能倖免。太子丹命荆軻與秦舞陽去刺殺秦王。在兩人出發前，太子丹在易水邊為他們送別，荆軻吟出了「風蕭蕭兮易水寒，壯士一去兮不復還」的悲壯詩歌。按照計畫，荆軻負責掩護，秦舞陽負責刺殺，但因為秦舞陽面對秦王時心生恐懼、臨陣退縮，引起了秦王警覺。荆軻親自上陣，藉口要將燕國的部分土地獻給秦王，呈上地圖。地圖打開，最後露出一把鋒利的匕首，即所謂的「圖窮匕見」。荆軻拿起匕首刺殺秦王，被秦王躲過，自己最終也被秦王和侍衛殺死。雖然刺殺任務失敗，但荆軻好名輕死、尚俠重義的品格受到後人的推崇，司馬遷在《史記・刺客列傳》中特地寫了荆軻的故事。

魚腸劍

　　刺客專諸是屠戶出身，後經伍子胥推薦，為公子光所用。公子光想從吳王僚手中奪過王位，於是派專諸行刺吳王僚。專諸得知吳王僚喜歡吃烤魚，就認真研磨烤魚的技術，烤出的魚別具一番風味。在公子光宴請吳王僚的酒席上，專諸按計畫把短劍藏進烤好的魚肚子裡，趁把魚送到吳王僚面前的機會，抓起短劍殺掉了吳王僚，專諸同時也被侍衛刺死。殺死吳王僚的劍因為藏在魚腹中，因此得名「魚腸劍」，並成為中國最有名的古劍之一。

盲猜隨堂考

1. 以下哪個不是崑崙奴的形象特點？
   - Ⓐ 膚白貌美
   - Ⓑ 皮膚黝黑
   - Ⓒ 捲捲的頭髮
   - Ⓓ 半裸

2. 崑崙奴來自哪裡？
   - Ⓐ 突厥
   - Ⓑ 南海小國
   - Ⓒ 中亞
   - Ⓓ 天竺

3. 和虬髯客、紅拂女並稱為「風塵三俠」的是——
   - Ⓐ 程咬金
   - Ⓑ 李靖
   - Ⓒ 張季齡
   - Ⓓ 李君羨

棄權

呃⋯⋯

再想想

答案見本單元「小知識」

他又黑又矮，
却是唐朝最吃香的外籍工作者

我說過，
唐朝是古時候最開放的朝代。

唐朝長安也沒啥特別，
除了錢特別多，
就是外國人特別多。

文藝界方面，
日本來的阿倍仲麻呂，
人見人愛，很吃得開。

官場方面，
突厥籍的史大奈上位，
參演《隋唐（人民的）演義》，
還跟秦瓊、程咬金等開國元勳排排坐。
混在長安的老外都那麼厲害。

但是！
要說出場率，
誰都比不過──
崑崙奴。

他形象前衛，
走在長安街頭，回頭率 100%。
他不戴什麼幞頭、巾子、鶡冠，
也不穿什麼圓領袍、半臂衫。

他喜歡半裸招搖過市，
偶爾扯上半邊披肩，
一展濃濃的大唐異國風。

他最特別的還是髮型。

來一坨螺絲髻！

哪怕一身黝黑肌膚，性感又神祕，
但他並不在意⋯⋯

曾有小朋友遇到他，
因為當時天色已暗，
從頭到尾也沒見到人，
只有一雙金耳環在空中叮鈴噹啷，
感覺也是超刺激！

他還是多才多藝之人，
白居易的好朋友元稹，
聽他彈過琴之後，
逢人就感嘆——

沒想到外國友人竟然也能精通中國的琵琶藝術！

元稹

琵琶宮調八十一，旋宮三調彈不出。
…自後流傳指撥衰，崑崙善才徒爾為。
——元稹《琵琶歌》

崑崙奴在長安很吃得開，
誰出門能帶上他，
就如同給自己加個星級認證，
是身分的象徵、王者的榮耀……

江湖上，
關於他的傳說越來越多，
例如，官二代崔生去郭子儀家作客，
說好的是去探病
結果就看上歌女紅綃。

有情人不能終成眷屬怎麼辦？
好在有崑崙奴！

一天半夜，崑崙奴帶著崔生，
翻過十重高牆，
幫他和夢中女神進行了一次──
甜蜜的約會。

> 是夜三更，與生衣青衣，遂負而逾十
> 重垣，乃入歌妓院內，止第三門。
> ──《太平廣記·豪俠二·崑崙奴》

人們才驚嘆，
原來他武功高強、深藏不露，
10 秒擊敗一人，千里不留痕。

還有一次，
有個小孩因為長得醜，
醜到親爹都想扔掉那種。

電光火石之間，
又是崑崙奴救下小孩，
將他撫養成人，
還傳給他畢生的功力。

那孩子後來成了虯髯客。

所以，沒有崑崙奴，
就沒有名震天下的天團——

李靖
紅拂女
虬髯客

風塵三俠

崑崙奴自己也不虧，
被金庸封為中國武俠小説最早的男主角。

問題來了：
為什麼崑崙奴的戲分這麼多？
為什麼他這麼長壽？
曝光率這麼高？
這是因為崑崙奴不是一個人！
而是——

批閱處

一群外來勞動者。

他們從古代的南海一帶（今天印尼、馬來西亞一帶），
被進貢、販賣到大唐。
由於身體健壯、性格忠良，
漸漸躋身為貴族們居家旅行必備，
傳奇小說中吸引閱覽流量的男主角！
才有了以上開了外掛般的演出。

雖說從傳統審美觀來看，
崑崙奴的長相實在是有點抱歉，
不過看完崑崙奴在大唐「開外掛」般的經歷，
朕不得不說，
顏值這東西不能當飯吃，
關鍵時刻還是要靠才華和內在！

阿倍仲麻呂

　　日本遣唐留學生之一，全名阿倍朝臣仲麻呂，來中國後改名晁衡。聰慧伶俐又好學的他非常喜歡漢文學。當時唐朝正處盛世，周邊國家使者慕名而來。阿倍仲麻呂在 19 歲被選為了遣唐使，主要是學習唐朝社會制度和文化。開元年間參加唐朝的科舉考試，高中進士，曾任司經局校書和散騎常侍兼安南都護。

　　阿倍仲麻呂與唐朝的著名詩人王維、李白等私交甚深，像《送祕書晁監還日本國》、《哭晁卿衡》都是李白為他寫的。在阿倍仲麻呂56 歲時，唐玄宗念他在唐幾十年，功績卓著，終於答應了他歸國的請求。

　　阿倍仲麻呂為增進中日的文化交流做出了傑出的貢獻，現在西安還有專為他建的紀念碑。

史大奈

　　原本是西突厥的特勒，後來投奔了隋煬帝楊廣，因在攻打遼東的戰役中勞苦功高被封為「金紫光祿大夫」。李淵在太原起兵後，史大奈率軍投奔李淵，並在攻克關中的戰鬥中立下大功，唐建立以後被封為「光祿大夫」。西元 618 至 622 年間，跟隨唐太宗李世民征討過薛舉、王世充、竇建德、劉黑闥等，戰功赫赫，死後被追贈「輔國大將軍」。

盲猜隨堂考

1. 蒙古人慧元發明的奶粉最初是——

   Ⓐ 畜牧物資

   Ⓑ 軍需物資

   Ⓒ 生活用品

2. 哪個不是「乳母」的別稱？

   Ⓐ 乳媼

   Ⓑ 乳婆

   Ⓒ 奶婆

   Ⓓ 奶娘

3. 古代人為什麼不用牛奶、羊奶餵養嬰兒？

   Ⓐ 價格很高買不起

   Ⓑ 不易保存

   Ⓒ 殺菌技術不發達

   Ⓓ 購買管道少

我們都會

答案見本單元「小知識」

殺菌技術不發達的古代，
催生了這種常見職業

古裝劇《如懿傳》中，
妃子們為了獲得乾隆的寵愛各施其術。
然而，真正讓她們心痛的並不是失寵，
而是在妃子們生下孩子之後，
孩子卻立刻被人帶走，
交給另一個女人──

微笑

這個女人，讓妃子們痛不欲生，一年也見不到自己的孩子幾次。

皇子和這個女人的感情甚至比親媽還親。

搖晃 搖晃

乳母

她，就是皇子背後的女人。

乳母，其實就是古代的奶媽，
又被稱為奶婆、乳媼等。
那麼，乳母這種職業是怎麼來的？
為什麼妃子不能和孩子待在一起？
這一切背後又隱藏著什麼祕密？

朕就來為你揭祕古代乳母的祕密！

古代沒有奶粉，生活品質也不是很好，
有些母親就常常母乳不足。
雖然據馬可·波羅的說法，
蒙古大將慧元曾發明了奶粉，
但那是作為軍需物資，給軍人補充能量用的。

平常百姓要嘛選擇沒有什麼營養的米湯，
要嘛讓孩子認幾個乳母做乾娘。

為了生存下去，只能多認幾個媽！

「愛卿」可能會問，
為什麼不利用牛奶、羊奶等各種動物奶？
因為古代的殺菌技術不是那麼好，
稍不小心……

對於有錢人家來説，
當然會選擇讓人放心又營養的母乳。
而且母乳還能提高孩子的免疫力，
古代孩子的死亡率很高，
母乳所提供的免疫力就更為重要了。
於是，為了解決有些人家母親奶水不足的狀況，
乳母這個職業就誕生了！

乳母這個職業的誕生，
不同程度上減輕了母親的壓力。
對於妻妾眾多的官宦人家來說，
乳母更加重要！
畢竟當你忙著減肥 keep fit（保持身型），
照顧孩子的時候，
難保其他小妾不見縫插針，
那麼，你在家中的地位有可能不保⋯⋯

這下，立刻恢復產前好狀態。

請乳母前 VS 請乳母後

再說有些富裕人家的女子，
根本吃不了哺育孩子的苦，
便常常聘請窮人來照顧孩子。
於是，哺乳是下人所做的事情的觀念就流傳開來。
達官貴人為了表明身分也樂於請乳母。

富人1 我豪車豪宅，連睡覺的大床都是全金打造。

豪車豪宅算什麼，我家乳母 20 人。 富人2

……

輸了

批閱處

而在鬥爭激烈的皇宮中，
請乳母除了后妃們奶水不夠、
彰顯身分等原因外，
更重要的是，可以疏遠皇子和生母的關係，
防止後宮、外戚干政帶來的威脅！

皇子由我來照顧，以後，你們就不能干政了。

所以，生母不僅不能親自哺乳皇子，
1 年還只能見皇子 5 次左右。
如果妃子們生的是公主，
那母女見面的機會就更少了……

好了，3 秒鐘時間到，該帶小公主離開了。

我就叫了一聲她的名字……不要帶走她……

為了避免乳母偏愛自己的孩子，
乳母生完孩子也是不能見面、不能哺乳的。
不過，皇宮裡的乳母，
也不是平常人想當就能當。

首先，要身體健康。
清朝還要求乳母必須在 15-20 歲之間，
入宮的時候，必須生完孩子剛滿 3 個月，
以保證有充足的奶水。

真羨慕……

其次，還要長得好看，
會讀書識字有文化，善解人意。
由於乳母通常是來自民間，
皇子們還可以藉此瞭解民間疾苦。

乳母，這個字怎麼唸啊？

進宮前還要進行一定的禮儀、政治教育培訓，
才有資格去餵奶。
並且，為了奶水的充足還要頓頓吃無鹽的豬蹄，
天天吃這個，吃膩了也不能換。

雖然乳母看起來挺辛苦的，
但總體上，待遇還是很不錯的。
萬一侍奉的皇子成為皇帝，
那前途更是一片光明。

但是，由於乳母和皇子的關係普遍都很好，
歷史上也有不少關於乳母的大事件。
例如，前面漢武帝的乳母，
雖然她幫助了漢武帝，卻越發驕橫，
在外到處惹事，欺壓百姓。

明憲宗朱見深的褓姆萬貞兒，
後來就成為了把持後宮的萬貴妃，
殘害無數的妃子，只為爭寵。

明熹宗朱由校的乳母客氏也不是省油的燈。
她跟太監魏忠賢一起把持朝政，禍害朝廷，
等到明思宗朱由檢整頓朝綱，這兩隻害蟲才被除掉。

乳母不僅可能上位搞事情，
後宮的妃嬪還要忍受跟孩子離別的痛苦，
如果得不到皇帝寵愛，
日子就更加寂寞難熬。
這一切，
都歸結於古代沒有奶粉⋯⋯

現代心理學發現，
良性互動的親子關係有助於孩子的健康成長。
古代皇家冷酷的安排，
剝奪了後宮嬪妃養育孩子的權利，
讓皇家子嗣缺乏正常的成長環境，
導致他們多多少少都有點性格缺陷。

所以，
當今的年輕父母，
千萬不要只顧悶頭賺錢，
而忘記給孩子足夠的陪伴。

別忘了——
為孩子賺錢報多少補習班，
都不如給孩子陪伴。

批閱處

 小劇場

母后母后，我們找到您了。

寶貝兒子！

你們今天讀書了嗎？

走吧，她不是母后。

臭小子，給我滾回來。

朕錯了……

古代殺菌技術

　　在中國古代，嬰兒都以喝母乳為主，動物乳則需要到了一定年齡才可以喝。這是因為古代對乳製品的殺菌處理技術還不成熟，對細菌沒有抵抗力的幼兒喝了未經處理的動物乳，很容易造成細菌感染而夭折。

　　但是在釀酒方面的殺菌技術卻得到了一定的發展。例如，酒就可以靠「煮酒」或是「火迫」的方法來殺菌，目的是讓酒在封存的過程中不再發酵生菌讓酒質變壞。煮酒，就是用蒸汽烹煮，透過加熱讓酒液沸騰，從而達到「高溫殺菌」的目的。「火迫」則是畑燒，不會把溫度調得太高，所需時間比較長，類似於現在的「低溫殺菌法」。

魏忠賢

　　明朝末期宦官，也是中國歷史上最著名的宦官。家境貧窮的他，目不識丁、沉迷賭博酒色，常年混跡於街頭。輸了一次大賭後便恨而自宮，之後進宮當太監。因緣際會，與明熹宗朱由校的乳母客氏勾搭上，進而得到明熹宗的器重。明熹宗沉迷木工，無心朝政，國政大權逐漸掌握在魏忠賢手中，被尊稱為「九千九百九十歲」。他專擅跋扈，剷除異己，私營黨羽，無論在正史還是野史都被評價為「斷送大明王朝國運的罪魁禍首」。明思宗朱由檢繼位後，第一件事就是打擊以魏忠賢為首的閹黨，魏忠賢遂畏罪自殺。

隨堂考參考答案 ① B ② B ③ C

盲猜隨堂考

1 西班牙的國王和王后爲什麼用瓷器陪葬？

   A 他們是瓷器的狂熱粉絲

   B 堅信瓷器能喚醒亡魂

   C 瓷器易於長久保存

   D 精美的瓷器能突顯地位

2 「間諜」殷弘緒透過什麼手段在窯廠打聽製瓷的細節？

   A 進行布道培養教徒

   B 利用金錢進行賄賂

   C 和窯廠女工結了婚

   D 喬裝打扮拜了師

3 「伊萬里」瓷產自哪個國家？

   A 日本

   B 馬來西亞

   C 德國

   D 西班牙

都不會……

答案見本單元「小知識」

古人的科技

中國瓷器浮沉簡史

自古以來，
商業競爭拚的就是技術，
誰掌握了關鍵技術，
誰就占盡優勢。

而在古代，
中國經濟發達，
就是因為手中的關鍵技術，
除了聞名世界的四大發明之外，
還有一項獨門絕技——

沒錯，就是瓷器製造技術！
作為曾與黃金等值的存在，
中國製造的瓷器，
一直被其他國家狂熱追捧。

當時那些西方人，
第一次見到這些輕盈精美的瓷器
便成了中國瓷器的迷弟。

聖物！

西方人

西班牙堅信瓷器能喚醒亡魂，
所以，西班牙國王和王后都用瓷器陪葬。

在普魯士還有一個土豪，
生怕自家瓷器會摔壞，
直接用銀鑲起來放在保險櫃裡。

當然，最大的瓷器愛好者還是——
薩克森公國的強力王奧古斯特二世。
據說他曾用一隊薩克森龍騎兵和
普魯士國王交換百餘件中國瓷器。

為你放棄天下又何妨！

啾

奧古斯特二世

龍騎兵

到 17 世紀為止，
中國銷往歐洲的瓷器已超過 2000 萬件。
在金錢的誘惑下，
西方人不僅想得到瓷器，
還想得到瓷器的製作技術。

靠著想像力是第一生產力的
自主研發精神，
歐洲人充分發揮了自己的腦洞——

歐洲佬眉頭一皺，發現案情並不單純！

他們嘗試了千百種材料，
包括長期腐化的牛糞馬便，
甚至認為瓷器的材料來源於
中國地下的一種神祕液體……
歷經數百年的研究，
歐洲人終於成功地證明——
「對不起，我們不行。」

歐洲自主研發失敗了。
但日本卻成功「仿造」了中國瓷器，
它先是推出了高仿貨，
接著再二次改造。

日本瓷器結構注重「偏」，
色彩也大多採用土豪金，
被稱為「伊萬里」瓷，
頗受西方富豪的喜愛。
正好又趕上當時後金與明朝打得不可開交，
中國瓷器出口大大減少，
於是日本瓷器漸漸壓過了中國瓷器。

不過敢在中國面前比山寨，
日本也是太天真。
清朝決定用山寨打回去，
於是中國「伊萬里」橫空出世，
外形和品質都吊打日本瓷器，
重奪瓷器界大哥的位置！

大哥，對不起！

既然別人靠不住，
歐洲人覺得是時候再次出擊了，
自己研發失敗不要緊，
把別人的技術偷過來就行了！

一場關於偷學瓷器技術的間諜戰，
就這樣拉開了序幕──

這是今天第四個偷看朕洗澡的了，揍他！

你可以抓我坐牢，但是你不能汙衊我偷看黃桑洗澡！

在當時，瓷器技術是國家機密，
外國人不得接觸。
為了防止技術外傳，
景德鎮規定不能讓外國人留下過夜。

但即使戒備森嚴，
歐洲人也沒有放棄。
他們派遣的傳教士、商人中，
就有佩里·昂特雷科萊，
中文名殷弘緒。

嘻嘻，事成之後，別墅靠海！

批閱處

清朝康熙年間，
殷弘緒被「太陽王」路易十四派到中國，
用進貢名貴葡萄酒的名義，
獲得了自由出入景德鎮的特權。

他觀察、瞭解窯場各道工序，
並在陶工中培養教徒，
透過布道活動，
從教徒那裡打聽到許多細節。

經過數年的潛伏，
殷弘緒完成了主線任務。
西元 1712 年，也就是康熙 51 年，
他在致耶穌會中國和印度傳教會巡閱使奧里的信中，
詳細介紹了中國瓷器的製作流程及原料。

西元 1712 年，暴雨，已經不記得我來中國幾年了，終於完成了組織上交代的任務，很想回家。最放心不下老婆，奧里說只要我來中國，他會替我照顧好她，前幾天得知她生第三胎了，說不出哪裡奇怪呢，但我就是想回家。

批閱處

西元 1716 年，
這封信在《專家》雜誌上發表，
引起了歐洲仿製中國瓷器的熱潮。

信中寫道：
尊敬的神父，
我在景德鎮獲得了機會，
來研究那些傳播到世界各地的瓷器的製作方法。
我之所以對此進行探索，
並非出於好奇心，
而是為了歐洲。

即使這樣，
教會還不滿足，
命令殷弘緒繼續暗中觀察。

10 年後，也就是西元 1722 年，
殷弘緒成功通關了！
他寫下了「真・瓷器製作最全攻略」，
再次將信寄給了法國的組織。
信中對中國各類瓷器的技術特點和流程
做了詳盡的解析，
至此，中國瓷器技術完全淪陷。

阿弘，原來內鬼是你！

對不起，我是佩里・昂特雷科萊！

名字那麼長，鬼記得住啊！

為了擺脫中國的掌控，
歐洲各國紛紛按照偷來的方法嘗試燒製「中國瓷」。
就這樣，瓷器的頭號土豪狂熱粉——
奧古斯特二世，
再一次出場了！

幾乎在殷弘緒進入景德鎮的同一時間，
他花鉅資建立梅森皇家瓷廠，
請煉金術士和化學家為他燒製瓷器，
在屢戰屢敗、屢敗屢戰中，
他們終於等來了偷學到的瓷器技術。

後來，梅森瓷器廠成功燒製出了
不同種類的瓷器。

抱歉，有錢真的可以為所欲為。

梅森皇家瓷廠為瓷器賦予了更多的風格與更高的格調，
如今一個梅森瓶售價已達新台幣十幾萬元。

Meissen（梅森）的每件成品，
都是經過 80 多道工序，用手工精心製作的，
所用色彩都是按祕方配置的，
而且為其產品獨家使用，
被稱作瓷器界的勞斯萊斯。

英國使團還曾將本國生產的瓷器
作為禮物贈送給乾隆皇帝。
從康熙到乾隆，
從竊取製瓷的核心技術到製作國禮瓷回贈中國，
歐洲人用時不過百年。

這麼醜的瓷器，哪能比我家的花花綠綠
好看，簡直是侮辱我乾小四的審美觀！

醜柜

原來你還有審美觀啊！

相反地，中國瓷器失去了神祕感，
被西方各國擠兌和封殺……
各國徵收高額關稅，
中國瓷器利潤大大減少，
最後只能退出歐洲頂級市場。

一直以來，
由於我們的不重視、不珍惜、不保護
導致中國的技術、節日等歷史文化，
常常被國外占為己有。
有時候，我們甚至對自己的文化都不熟悉了。

最後，我想說，
如果我們守不住自己的文化，
那麼後世子孫將會永遠地失去它們，
它們也將被中國遺忘⋯⋯
為了不讓小偷們繼續得意，
請愛卿千萬不要再把它們弄丟了。

近衛花瓶

　　西元 1717 年，薩克森國王奧古斯特二世為了用中國瓷器作為婚禮的裝飾，竟然用 600 名全副武裝的近衛騎兵去交換普魯士帝國威廉一世手上 100 多件中國瓷器，這些瓷器因此被稱為「近衛花瓶」，現今陳列在德國德勒斯登次溫格宮博物館內。在當時，這些瓷器的價值是一個天文數字，相當 27000 塔勒（德國舊銀幣）。

伊萬里瓷

　　也被稱為「有田燒」。明末清初，戰亂嚴重影響了中國的瓷器對外貿易。外國商人就把目光投向了中國的鄰國日本。因為日本的有田地區發堄了瓷石礦，再加上得到了中國赤繪技術，該地區的瓷器業急速發展，有了代替中國產瓷器的條件。在 17 世紀到 18 世紀之間，有田燒樣式也更多變了，其中純白質地加上豪華的鑲金風格深受歐洲王公貴族們的喜愛，有田燒銷往歐洲的數量達到了幾百萬件。因為當時的有田燒大部分從伊萬里港口運輸出去，所以也被稱為「伊萬里瓷」。

盲猜隨堂考

1. 主張「兼愛」和「非攻」的是哪個學派？

   Ⓐ 墨家
   Ⓑ 儒家
   Ⓒ 道家
   Ⓓ 佛家

2. 墨子造的負責高空偵查武器叫什麼名字？

   Ⓐ 木鷹
   Ⓑ 木雀
   Ⓒ 木鳶
   Ⓓ 木鳥

3. 使用轉射機這種大型發射武器時最好放在哪裡？

   Ⓐ 草堆裡
   Ⓑ 小溪邊
   Ⓒ 城牆上
   Ⓓ 屋子裡

我們都會

答案見本單元「小知識」

兩千多年前的墨家機關術，
讓宋國躲過了戰爭

中國歷史上曾經出現過一個大混戰時代，
那個時期湧現了無數的嘴炮高手，
這便是春秋戰國時期。

除了宣導仁愛的儒家學派，

稍等 **抱歉** **對不起**

主張依法治國的法家學派，

免談 **不見** **按規矩**

丹藥吃多的道家學派，

過來 **再吃** **拍暈你**

我覺得還有個被嚴重低估的學派，
那便是主張「兼愛」和「非攻」，
堅持 love&peace（愛與和平）理念的墨家學派。

墨家的創始人叫墨翟（墨子），
戰國第一勸架王和兵器大師。

冷靜　　　**喝茶**　　　**消消氣**

在戰國這個特殊時期，
「只是因為在人群中多看了你一眼」，
都能導致一場拔刀互砍事件。

來，往這砍，使勁砍。

她剛才看了我，我要砍死她！

在一場即將開打的楚宋戰役中，
墨子曾不費一兵一卒，
就讓強大的楚國退兵，
挽救了宋國 10 幾萬人的性命。

當時，
工匠之神公輸班（魯班），
為楚王造了攻城用的雲梯，
楚王想靠著這批雲梯消滅掉弱小的宋國。

在齊國的墨子聽說後，
趕了 10 天 10 夜的路來到楚國的都城郢都，
在楚王面前，
跟魯班進行了一場模擬人機大戰。

這場模擬戰爭，
墨子憑藉墨家機關術造出的
五種終極戰爭武器，
給楚王造成了嚴重的心理創傷……

而這五個終極武器，
戰鬥力究竟有多強呢？

偵查木鳶

墨子曾花 3 年造了一個木質的飛鷹，
可以在天上飛 1 天才落下來。

看，是「灰機」！

偵查完畢，楚軍主兵力在西
側，東側有佯攻的伏兵。

批閱處

負責高空偵查的木鳶可以協助宋軍主帥，
判斷對軍情有影響的人為干擾，
例如：佯攻、伏兵等。
讓宋軍對敵情判斷更為客觀，
甚至連敵軍主帥的吃喝拉撒，
都能瞭解得一清二楚。

報告，這是楚
軍主帥的行為
異常紀錄。

呦，每天早上 8 點準時排便，不是正常的嗎？

關鍵是他每天早上 9 點醒。

我的媽呀，那得洗多少條褲子。

練兵木偶

在冷兵器時代，
取勝的關鍵除了排兵布陣，
還有士兵近身肉搏的能力。
墨家機關術造的木偶
可以模仿敵軍各種出其不意的攻擊方式，
墨子利用這個訓練宋軍士兵的實戰能力，
讓宋軍的士兵以一抵十。

墨家學派的理念就是「墨守」，
大多數機械是偏防守類型的。
但是，下面這一種卻是防守反擊的利器。

轉射機

根據《墨子・備城門》的記載，
轉射機是一種置於城牆上的大型發射機，
機長 6 尺，占領制高點，由 2 人操縱。
可綜合分析敵軍的攻城器械、
軍力、配備的武器等幾個因素，
再給出最優反擊位置，
判斷出將箭射向何處才會效率最高。

想達到大量殺敵的效果，
墨子設計了大規模殺傷性武器。

連弩車

這個武器記載於《墨子·備高臨》，
連弩車立於城牆上，一口氣能射出 60 支箭。
主要負責攻擊敵軍主力聚集的地方。

楚軍人多，我們只要帶著主力強
攻宋軍的薄弱處，便可破城。

連弩車，能把你們射成國家
野生保護動物——刺蝟！

墨子

魯班

籍車

而在戰略性武器方面，
墨子甚至設計出了最早的坦克雛形。

其笨重的外表，讓楚軍低估了它的戰鬥力。
墨子將幾個籍車立在戰場，以此麻痺楚軍。
但籍車周身鐵皮，一發動即可投射炭火。

好燙好燙，還以為
是賣烤番薯呢！

戰場哪來的烤番薯啊！

靠著這五種戰爭武器，
這場模擬的人機大戰，楚軍完敗。

雖然模擬戰我們輸了，但我還是想進攻宋國呢？

看到老子的正義鐵拳了嗎？待會兒它會出現在您的臉上。

對不起，不打了！

楚王曰：「善哉。吾請無攻宋矣。」

——《墨子・公輸》

墨子身為諸子百家中的理工男，
靠著強悍的力學、機械學知識，
深刻貫徹著墨家的科學精神。

然 鵝

它還是淹沒於「罷黜百家，獨尊儒術」的風波中，
墨家機關術慢慢失傳，
後繼無人。
也印證了那句文理科的魔咒——

有人曾夢想過，
如果墨家學派和他們的科技，
沒有在中國歷史長河中失傳，
或許中國文化的面貌會大不相同，
說不定到了近代，
中西方的科技差距就也沒那麼大了。

祖先們守護傳承的中華文化，
交到了我們年輕人手中，
我們不能重蹈墨家科技失傳的覆轍，
一定要好好守護中華文化。

小知識

墨守成規

　　墨子，名翟，春秋戰國時期宋國人，墨家學派創始人，提出了「兼愛」、「非攻」等理念。墨子十分善於守城，因此後人把善於防守稱為「墨翟之守」，簡稱「墨守」。墨守成規這個成語有一個典故，當時楚國想攻打宋國，墨子奔走 10 天 10 夜來到楚國想勸阻這場戰爭，楚王便讓墨子與魯班比試攻防演習。魯班動用了專門設計用來攻城的雲梯，但在墨子的防守面前屢屢失敗，楚王只好放棄攻打宋國的打算。現在，這一詞是指思想保守，守著老規矩不肯改變的意思。

魯班

　　春秋戰國時期著名的工匠，被尊稱為中國建築、木匠的鼻祖。據說魯班出生於魯國的一個世代工匠大家族──公輸族，人稱公輸盤、公輸般或公輸子。從小就跟隨家人參與過許多土木建築工程，在實踐中打下了發明創造的基礎。

　　長大後他離開魯國，說明楚國製造兵器。像攻城用的雲梯、水戰時攻船的鉤強這些戰事用兵器都是魯班發明的。除此之外，傳說魯班也發明了鋸子、曲尺、墨斗這些木匠師傅用的基礎手工工具，很多被延用至今。

隨堂考參考答案 ① A ② C ③ C

盲猜隨堂考

① 完顏宗弼：「外無所畏，今付樣造之。」評價的是哪個兵器？

　Ⓐ 床子弩

　Ⓑ 突突突的火槍

　Ⓒ 神臂弩

　Ⓓ 彈弓跳跳床

② 可以說是「最原始的子彈」的是？

　Ⓐ 子窠

　Ⓑ 震天雷

　Ⓒ 烟球

　Ⓓ 伽馬

③ 哪部作品詳細記載了神臂弩的機關圖樣？

　Ⓐ 《四庫全書》

　Ⓑ 《鍛造紀實》

　Ⓒ 《軍器實錄》

　Ⓓ 《永樂大典》

棄權

呃⋯⋯

再想想

答案見本單元「小知識」

槍炮鼻祖，原始手榴彈，火槍⋯⋯
為什麼宋朝還老是打敗仗？

宋朝的軍事到底弱不弱？
似乎打起仗來，經常被欺負啊。
其實，宋朝有一股神祕的力量——
黑科技。
依靠它，就算在少數民族的虎視眈眈下，
大宋依然在風雨飄搖中堅持了好幾百年。
這次就來說一說，
宋朝軍事上的黑科技。

大宋沒有控制河套平原，
燕雲十六州也一直是咫尺天涯的夢想，
缺少戰馬是大宋軍事的弱點，
於是人們就把科技的突破關鍵集中在了步兵裝上。

在步兵裡，
能遠距離跟外族騎兵部隊正面對抗一波的，
大概只有弓弩手了。

宋朝的弓弩技術那是沒話說的，
弩手的制式標準兵器之一———
神臂弩。

它有「三百步外貫鐵甲」的超強攻擊力，
弓身 3 尺 3，弦長 2 尺 5。
誰來就射誰，只不過填裝彈藥比較費力，
得用腳蹬著才能上弦，
這萬一上弦的時候手一鬆……

曾經，金朝將領完顏宗弼這樣評價神臂弩：

吾昔南征，目見宋用軍器，大妙者
不過神臂弓，次者重斧，外無所畏，
今付樣造之。
——《遺行府四帥書》

就是說，
「老子當年打架，別的都不怕，就怕大宋的勁弩。」

後世學者對神臂弩的攻擊力表示過懷疑，
認為 300 多公尺的射程，不可能還有那麼大的威力。
不然「強弩之末」這個成語就白說了。

但據傳，神臂弩的弩身上，
是裝有特殊機關的，
《永樂大典》裡就詳細記載這神臂弩的機關圖樣。

但，可惜的是，
《永樂大典》因戰火等原因，早已散佚不全。

在各種樣式的弓弩裡，
還有一種「大規模殺傷性神器」——
床子弩。
這是一種「雖然我叫弩，但你也可以叫我大炮」的存在。

體積龐大，利用滑輪張設，
靠數張弓的合力進行射擊，
射程可達 500 公尺以上！

北宋開寶年間，
有個叫魏丕的小哥對床子弩進行了改造，

舊床子弩射止七百步，令丕增造至千步。
——《宋史·魏丕傳》

按照古代「五尺（1.5 公尺）為一步」進行計算，
千步就有 1500 公尺。
床子弩能發射這麼遠，
可以說相當可怕。

是不是魏丕在吹牛，朕就不知道了。

1500 公尺是什麼概念？
現在的 AK47 步槍有效射程也就 300 公尺……

床子弩家族的老大有個很長的名字，
叫「三弓八牛床子弩」。
這傢伙體型超級巨大，
放到城牆頭，相當於小碉堡；
放在城牆下，那就是轟城炮！

你看它的箭矢，
箭桿如同長槍，估計現代運動會上的標槍那麼長，
而其用鐵製成的三片箭翎，
簡直就像三把閃著寒光的大寶劍！

三弓八牛床子弩要想射箭，
得幾十甚至上百人才能絞軸張弦，
扣動扳機則需要大力士掄斧頭砍繩子才行。

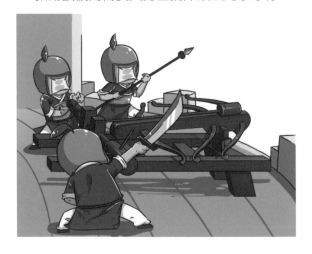

想當年澶淵之戰（西元 1004 年），
遼軍兵臨城下，宋朝一發三弓八牛床子弩，
就將遼軍主將蕭撻凜釘死馬下。
從某個方面說，
如果不是床子弩，
大宋能不能和大遼簽訂和平條約——
《澶淵之盟》都是另一回事呢。

批閱處

說完冷兵器，我再來說說宋朝的火器。
唐朝末年，火藥就已經運用於軍事。
到了宋朝，有了專門的「火藥窯子作」。
北宋攻滅南唐時就使用了「火箭」、「火炮」。

不不不，不是那種上天找嫦娥的火箭，
當時的火箭只是弓箭綁上了火藥。
火炮也不過是一種發射可燃燒彈丸的投石機。
顯然地，這並不算黑科技。

真正的黑科技是宋朝的手拋火器——
將黑火藥團和成球狀，
其中加入鐵釘、砒霜、瀝青等不同成分，
用紙或麻包裹數層，
再在最外層敷上松脂，
進行防潮和助燃。
各種名字聽起來就厲害到炸天的火器便誕生了：

它被叫作霹靂火球、族藜火球、毒藥火球、
煙球、引火球等等。

這些可看作最早的手榴彈雛形，
放到現在，就是燃燒彈、毒氣彈、煙幕彈之類的了。

後來，「喪心病狂」的人們還發明了鐵皮包裹的炸彈，
「震天雷」。

引爆後能將生鐵外殼炸成碎片，打穿敵軍鐵甲。
一切防禦都在爆炸聲中化為了灰燼，
可謂戰爭時期殺人滅口的必備「良藥」！

還有許多創意造型，任君挑選。
是讓敵人被葫蘆炸死，
還是被西瓜炸死，
還是被一對缽仔糕炸死呢？

我都死了，你還要凹造型！

說起火器，那就不能不提可以「咻咻咻」的槍了。
南宋時出現了管狀火器，火槍。
然而這種槍並不能「咻咻咻」，
此時的槍還是由長竹竿做成，先把火藥裝在竹竿內，
作戰時點燃火藥噴向敵軍。
殺傷力嘛，全靠噴出的火焰製造傷害。

點個火把不就好了嗎？

後來人們又用粗竹筒製作了突火槍。
突火槍內裝有火藥和「子窠」，
火藥點燃後會產生強大的氣壓將子窠發射。
話説這些子窠到底是什麼呢？
碎鐵、石子和其他……
可以説子窠就是最原始的子彈。

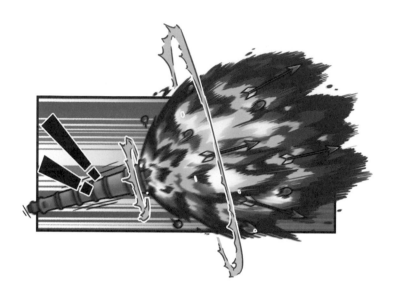

這種突火槍，射程可達到 150 步，約 230 公尺，
也算是一種神兵利器了，
稱得上所有槍炮的鼻祖。

那麼問題來了，
既然宋朝軍事黑科技這麼不同尋常，
為什麼還總是打不趴敵人，反而經常被吊打呢？

這個原因可能就是：
宋朝人講授先進技術時，
聽課的學生裡，包括了虎視眈眈的敵人們……

可見，發展軍事科技對於國家安全非常重要。
保護科技祕密，防止洩密更重要啊！

燕雲十六州

　　古代地理名詞，又可稱為幽雲十六州、幽薊十六州或燕雲之地，是指現今北京、天津海河以北，以及山西、河北北部，東西寬約 600 公里，南北長約 200 公里，總面積約 120000 平方公里。包括了幽、薊、瀛、莫、涿、檀、順、雲、儒、媯、武、新、蔚、應、寰、朔這十六州，分布於太行山脈東西兩側。因為地勢乘高居險，易守難攻，成為各朝各代兵家必爭之地。

　　西元 938 年，燕雲十六州被割讓給了契丹。自此在長達 200 年的時間裡，北宋政權一直受到北方民族的威脅。直到明太祖朱元璋號召「驅逐胡虜」，追擊北元，才再度完整收復了燕雲十六州。

批閱處

《永樂大典》

　　編寫於明朝永樂年間，全書目錄 60 卷、正文 22877 卷，11095 冊，約 3.7 億字，是中國乃至世界有史以來最大的「百科全書」。延續「盛世修書」的傳統，明成祖朱棣繼位後便下令修書：「凡書契以來經史子集百家之書，至於天文、地志、陰陽、醫蔔、僧道、技藝之言，備輯為一書，毋厭浩繁！」這本體量巨大的全書，編撰隊伍累計達 3000 多人，歷經 4 年定稿。

　　《永樂大典》收錄圖書文獻近八千種，內容包括十三經、史書、子書、集部、天文地理、陰陽占卜、醫術、釋藏、道經、農藝、戲劇、工技等各類典籍文章，浩瀚繁博，涵蓋了中華民族數千年來積累的知識財富，顯示了中國古代社會生活、科學研究等方方面面的成就。可惜的是，《永樂大典》屢次遭劫，正本早已不知去向，副本現今僅存 418 冊 823 卷，只有原書的 4%，散藏於 9 個國家和地區的 34 個收藏機構。

看完這本書，
有沒有加深你對古人文化生活的瞭解呢？
不過，
中華上下五千年，
有趣的事情那麼多！
小小兩冊書根本不夠我講，
請期待第三冊吧！